삶은   어제가   있어

            빛난다

삶은　어제가　있어

빛난다

과거를 끌어안고
행복으로 나아가는 법

Vivre avec son passé

샤를 페팽 지음
이세진 옮김

푸른숲

일러두기

- 이 책에 쓰인 '기억^{mémoire}'과 '추억^{souvenir}'은 둘 다 지나간 일, 경험을 돌이켜 생각한다는 점에서는 같지만, 추억은 기억과 연관된 감정이 개입된다는 측면을 좀 더 강조한 말임을 밝혀둔다.
- 국내에 소개된 단행본은 대부분 번역된 제목을 따랐고, 그렇지 않은 경우 우리말로 옮겨 적거나 독음대로 적은 뒤 원어를 병기했다.
- 원문에서 이탤릭체로 강조한 부분은 굵은 고딕체로 표기했다.
- 책 제목은 《 》로, 편명·곡명·영화명 등은 〈 〉로 묶었다.

차례

어제의 빛이 없으면
내일은 보이지 않는다

일요일 점심으로 즐겨 먹는 타라곤(달콤한 향이 나고 매콤쌉싸름한 맛이 나는 허브의 일종—옮긴이)을 곁들인 닭고기 타진(고깔 모양의 모로코 전통 조리 용기 혹은 그 용기에서 뭉근하게 익혀낸 스튜 비슷한 요리—옮긴이)의 냄새와 풍미를 통해 우리는 어린 시절 이 요리를 기막히게 잘하셨던 우리 할머니와 다시 이어진다.

어떤 희생을 치르더라도 사랑을 믿고 사랑에 매달리고자 하는 상황에서는 우리가 아이의 눈으로 바라보았던 사랑, 어머니가 세상의 전부 같았던 바로 그 사랑의 감정이 되살아난다.

우리가 가장 소중히 여기는 가치들에는 우리의 사회적 환경, 교육, 그리고 삶에 결정적이었던 만남들이 배어 있다.

명상과 관조의 순간조차도 온전히 현재에만 머무르는 것은 아니다. 우리 마음을 정통으로 움직이는 이 풍경은 마법처럼 우리를 세계와 화해시킨다. 다시 보고 싶은 어느 여름날의 저녁놀, 한 모금 마시자마자 다른 세상으로 데려다주는 포도주의 풍미. 우리는 그것들을 사랑하고 그 힘과 아름다움을 음미하는 법을 배웠다.

우리의 장점과 단점, 취향과 혐오, 꿈과 야망은 물론이고 공포와 불안까지도, 기쁨은 물론이고 슬픔까지도, 우리의 모든 반응과 세계관, 그리고 당연히 습관도 우리의 과거에서 비롯되었다. 이 모든 것에 우리의 과거가 현존한다. 우리가 뒤에 두고 왔다고 생각했던 과거는 지금도 여전히 신호를 보낸다.

사라지지 않는 과거는 후회와 미련이 가득한 마음속에서, 실패의 기억 속에서 더 질기게 살아남는다. 벌겋게 단 쇠로 찍은 낙인처럼 지워지지 않고 우리가 의심에 사로잡힐 때마다 새삼 떠오르는 순간들이 있지 않은가. 직장에서 업무를 처리하다가 가끔 지나치다 싶게 완벽해지려는 스스로를 깨달을 때면, 권위적인 아버지나 선생님의 꾸중을 두려워하던 그때 그 청소년 시절로 되돌아간다. 그만큼 사무치지는 않더라도 참 예뻤던 것들이나 최초의 감동, 우리의 가장 중대한 발견과 성공도 문득문득 떠오른다.

과거는 행복했든 불행했든 어김없이 돌아온다. 고집스럽게 현재에 끼어들어 우리의 직장에서, 거리에서, 집에서 불쑥 스치듯 예기치 않게 찾아온다. 그 느낌에 조금 매달려보면 개인사의 모호한 언저리에서 오만가지 추억이 물밀듯 밀려와 달콤한 노스탤지어 혹은 쓰라린 멜랑콜리에 빠지게 될 것이다. 때로는 과거가 격렬하게, 덮치듯이 우리를 공략하기도 한다. 우리를 뒤흔드는 오래된 트라우마가 번득 떠오르면 눈에 뵈는 게 없어진다. 하필 우리가 제일 안 좋을 때 그러는 경우는 또 얼마나 많은지. 불행하고 고통스러운 기억, 차라리 잊고 싶은 상처는 끊임없이 되살아나고 그럴 때면 그 장면을 영원히 다시 사는 것 같다. 불행한 과거에서 벗어나고 싶고 행복한 날들을 되찾고 싶은데 이쪽이나 저쪽이나 대체로 잘 안 된다. 잊으려 하면 할수록 우리의 목을 조르는 기억은 힘이 더 세진다. 과거의 기쁨을 되살리려 하면 할수록 그리움에 쓴맛이 돈다. 과거는 희한하기도 하지, 돌이킬 수도 없는데 지치지도 않고 현재에 출몰한다. 먼저 세상을 떠난 이들의 얼굴이 불쑥불쑥 떠오르는 것처럼.

　　어제가 과거에만 속한다고 생각하면 오산이다. 과거는 가버리지 않는다. 우리를 이루는 것은 현재보다 과거의 지분이 더 크다. 우리가 체험하는 매 순간은 부리나케 과거에 합류하고 바람에 떠밀려 뒤로 가는 배처럼 달아난다. 현재는 통과만 할 수 있다. 삶 속에서 나아갈수록 경험은 풍부해진다. 그러므로 과거와 잘 지내면서도 적절한 거리를 두는 법을 배우는 것이 중요하다. 우리 자신을 좀 더 잘 알고 이해하기 위해서, 우리가 물려받은 것을 파악하기 위해서, 무엇보다 과거를 끝없이 곱씹으면서 살지 않기 위해서. 이따금 회한에 매몰되어 과거와 '더불어' 사는 게 아니라 과거 '속에서' 사는 사람들이 있지 않은가.

어제의 빛이 없으면 내일은 도통 보이지 않는다. 어딘지 모를 곳으로 우리를 싣고 가는 이 범선은 때로는 조종하기 버거울 만큼 힘이 세다. 그렇게 우리는 삶이라는 배가 가는 대로 무작정 실려가는 승객이 된다.

과거가 현재에 어떻게 작용하는지 이해하려면 기억의 기능을 알아야 한다. 과거는 기억에 있다. 기실 우리 뒤가 아니라 우리 안에 있는 것이다. 우리는 오랫동안 기억을 무슨 저장고처럼 단순하게 생각했지만, 오늘날에는 신경과학의 발전에 힘입어 기억이 그보다 훨씬 복잡하고 유동적이라는 것을 안다. 기억은 우리 뇌 속의 고동치는 심장과도 같은데 뇌 자체도 가소성, 다시 말해 새로운 신경 시냅스(신경 세포의 신경 돌기 말단이 다른 신경 세포와 접합하는 부위—옮긴이)를 만들어내며 끊임없이 스스로 리모델링하는 역량으로 정의된다. 현대 인지과학은 기억에 대한 이해를 재정립함으로써 낡은 사고를 산산이 무너뜨렸다. 기억은 하드디스크에 차곡차곡 쌓인 데이터 따위와는 다르다. 기억도 살아 움직인다. 수시로 소환되고, 재강화되고, 굳건해진다. 때로는 사실과 다르게, 혹은 상상으로 만들어지기까지 한다.

인간의 기억은 마치 신대륙 같다. 매혹적인 발견들이 우리를 기다린다. 과거는 포용해야 할 운명이자 재가공해야 할 재료다. 추억은 객관적 데이터라기보다 창의적 재구성에 더 가깝다. 신경과학의 혁명적인 발전은 전대미문의 길을 열어주었다. 과거의 불행을 돌아보고 그러한 기억의 유해성을 해제할 수도 있고, 잃어버린 행복을 현재에 소환하여 다시금 만끽할 수도 있다. 과거에 손을 쓴다는 것이 공상과학물이 아니라 버젓한 과학의 소관이요, 모두에게 주어진 하나의 실존적 가능성이 되었다. 희망으로 가득 찬 신경과학 혁명은 이미 '기억 재강화' 같은 새로운 심리 요법들을 탄생시켰다 (기억 재강화와 관련된 내용은 이 책의 7장에 좀 더 자세히 나온다). 기억이 어떻게 기능하는지 이해하면 과거에 개입할 수 있고, 그로써 현재에도, 무엇보다 미래로 나아가기 위한 힘에도 개입할 수 있다. 지그문트 프로이트나 자크 라캉은 우리 힘으로 바꿀 수 없는 과거를 수용하도록 이끌었지만, 신경과학을 공부한 오늘날의 심리치료사들은 오히려 과거를 다시 생각함으로써 미래를 맞이하라고 할 것이다.

《삶은 어제가 있어 빛난다》에서는 이 특별한 뇌 속 여행의 도움을 받아 고대의 지혜를 재발견하고 이 시대에도 얼마나 유효한지 알아볼 것이다. 그리고 프리드리히 니체, 앙리 베르그송, 한나 아렌트처럼 시대적으로 우리와 좀 더 가까운 철학자들의 사유도 살펴볼 것이다.

그들은 기억이―그리고 망각도―인격의 발달, 행위의 달성, 그리고 행복에 얼마나 필수적인 역할을 하는지 이해했다. 이를 통해 기억에 기댈 뿐 아니라 기억을 밑거름 삼아 과거와 잘 살아가는 법도 배우게 되리라. 또한 이 책에서는 기억의 편에서 작가와 예술가들을 불러들일 것이다. 마르셀 프루스트의 레미니상스^{réminiscence} 혹은 에르베 르 텔리에의 상상력, 데이비드 크로넨버그나 데이비드 린치의 몽환적 연출, 호르헤 셈프룬이나 시몬 베유의 수용소 경험담, 남편과 사별한 조앤 디디온의 애도, 바르바라의 가슴을 후벼파는 노래, 즐라탄 이브라히모비치의 변화무쌍한 재능을 논할 것이다. 단어, 이미지, 축구공을 다루는 이 예술가들은 신경과학이 가르쳐준 것을 새삼 와닿게 한다.

과거가 있기에 지금의 우리가 존재할지라도 우리는 단순히 과거가 우리를 재료 삼아 만들어낸 것에 불과하지 않다. 그러므로 과거에 휘둘리거나 얽매여야 할 이유는 전혀 없다.

우리는 그저 과거와의 적절한 거리를 찾으면 된다. 우리에겐 과거가 끊임없이 돛을 부풀리는 이 범선의 방향을 잘 잡아 순풍을 타는 요령이 필요하다.

1부

과거의 현존들

1

모든 기억은 재구성이다

기억이 그 자체로 철학의 주제가 되기까지는 아주 오랜 시간이 필요했다. 지금도 우리는 기억에 대해서 잘못 생각할 때가 많다.

흔히들 컴퓨터의 메모리 장치를 기억의 은유로 삼곤 한다. '필름이 끊겼다'라든가 '기억의 포화 상태'라는 표현은, 기억의 위치를 파악할 수 있거나 하드디스크를 장착하듯 '용량'을 늘릴 수 있을 것이라는 사고방식을 담고 있다. 우리는 기억을 정체된 것, 양으로 파악 가능한 것, 축적되는 것처럼 생각한다. 그러한 선입견이 추억 개념과 레미니상스(의지와 상관없이, 때로는 매우 어렴풋하게 떠오르는 기억이나 무의식적 차용—옮긴이)라는 현상을 빈곤하게 만들었다. 철학적 전통은 이 문제에 대해서 오랫동안 일반인들의 생각 이상으로 나아가지 못했으며 기억을 단순히 과거 보존의 장처럼 여겼다. 가령, 르네 데카르트는 기억에 그리 관심을 두지 않았고 기억은 이성이나 의식에 비하면 '애초에 미약한' 기능이라고 했다.

기억의 힘을 감지했던 몇몇 철학자의 시각을 제외하면—가령《고백록》에서 기억의 힘을 찬양했던 성 아우구스티누스라든가—19세기도 거의 끝나갈 무렵에야 비로소 베르그송이 기억을 철학적 성찰의 중심에 두게 된다. 그는 당시로서는 파격적인 직관을 발휘했는데, 그 후 과학은 그의 직관이 옳았다고 확인해주었다. 베르그송의 직관이란 기억이 정체되어 있지 않고 역동적이라는 것, 살아 숨쉬며 우리의 의식으로 밀려왔다 밀려갔다 한다는 것이다. 무엇보다, 기억은 우리의 의식, 따라서 우리의 정체성을 구성하는 요소다.

베르그송의 천재적 직관

지금으로서는 베르그송의 철학이 당대에 얼마나 충격을 주었는지 상상하기 힘들다. 그는 곧 가장 영향력 있는 철학자로 부상했고 콜레주 드 프랑스 교수, 국제연맹 국제협력위원회 의장, 노벨문학상 수상자가 되었다.

당시 파리 생제르맹 대로는 베르그송이 콜레주 드 프랑스에서 하는 강의를 들으려고 몰려든 사람들로 인산인해를 이루었다고 한다. 그의 강의는 지성계의 사건인 동시에 세간에서도 주목하는 사건이었다. 강의실에 들어가지 못한 사람들은 문밖에서《창조적 진화》의 저자가 나오기를 기다리거나 목소리만이라도 듣기를 바랐다. 열광적인 청중을 감당할 수가 없어서, 베르그송의 콜레주 드 프랑스 강의만 소르본 대학의 대규모 원형강의실이나 팔레 가르니에 홀로 옮기자는 이야기까지 나왔다. 베르그송은 외국에서도 팬들을 몰고 다녔다. 1911년에 런던에서 대중강연을 했을 때는 거리에까지 스피커를 설치했다. 1913년에 뉴욕을 방문했을 때도 그는 브로드웨이 역사상 유례없이 끔찍한 교통 체증을 불러일으켰다. 베르그송은 그야말로 철학계의 록 스타 같은 존재였다. 그 이유가 무엇이었을까? 그가 기억과 추억에 대하여 완전히 현대적인 철학을 수립했기 때문이다. 그 철학은 행동에 대한 사유이자 자유로의 초대이기도 했다.

데카르트는 의심할 수 없는 첫째가는 진리를 탐색하는 과정에서 다음과 같은 질문을 던지기에 이른다. 우리가 살아 있다는 것을 어떻게 확신할 수 있는가? 그가 찾은 답이 저 유명한 코기토 에르고 숨$^{Cogito\ ergo\ sum}$, 즉 '나는 생각한다, 고로 나는 존재한다'이다.

데카르트가 보기에 우리 실존의 증거는 우리의 의식에 있었다. 헤겔에 따르면 이 명제가 데카르트를 근대 철학의 '영웅'으로 우뚝 세웠다. 베르그송은 코기토를 뒤집어엎었다. 그는 데카르트가 찾은 답을 자기 것으로 취하되 생각하는 주체를—천재적인 직관으로—기억하는 주체로 대체했다. 우리는 기억하기 때문에 우리가 살아 있다는 것을 안다. 우리의 체험과 행동을 기억할 수 있고 그러한 앎을 하나의 정체성, 개인사를 지닌 하나의 인격으로 통합할 수 있다는 것이 인식의 초석이 된다. 나는 기억한다, 고로 나는 존재한다! 우리는 우리의 기억과 같은 재질로 이루어져 있다고 베르그송은 말한다. 1919년에 발표한 《정신적 에너지》에는 이렇게 나와 있다. "의식보다 더 직접적으로 주어지는 것도, 더 명백히 현실적인 것도 없다. 인간의 정신이 의식 자체다. 그런데 의식은 무엇보다 기억을 의미한다. [···] 나는 우리 내면의 삶 전체가 의식이 처음 깨어난 순간부터 시작된 하나의 문장과 비슷하다고 생각한다. 쉼표로 점철되었으나 결코 마침표로 끊어지지는 않는 하나의 문장 말이다."

하지만 우리의 지식과 정체성, 그리고 이것들의 근간에 있는 기억은 고정되어 있지 않다. 베르그송은 우리의 과거가 기억 속에 "무한히 지속되지만" 고정되어 있지는 않다고 말한다. 기억은 우리와 함께 진화하고 삶의 경험, 미래를 투사하는 방식에 따라 현재에 맞춰진다. 한 세기 후 신경과학은 베르그송의 직관을 사실로 확인해줄 것이다. 객관적 기억은 없다. 모든 기억은 역동적 재구성이다. 기억력의 중심에 있는 이 적극적 힘이 우리를 살아 숨 쉬게 하는 생의 원리를 구성한다.

《물질과 기억》에서 베르그송은 인간이 행동을 하기 위해 행동에 요긴한 기억들을 끊임없이 선별한다는 것을 보여주었다. 우리의 의식에는 우리가 필요로 하는 기억만 자연스럽게 흘러들어온다.

베르그송 이전에는 어떤 철학자도 기억이 과거의 보존보다 미래에 대한 투사에 더 가깝다는 진실을 이렇게까지 통찰하지 못했다. 좀 더 정확히 말하자면, 기억은 예측을 수립하기 위해 과거를 보존한다. 과거를 기억하는 데 어려움을 겪는 알츠하이머병 환자들은 미래를 향해 나아갈 수도 없지 않은가. 기억은 내일에 대한 관심과 항상 짝을 이룬다. 보통 사람들의 직관에 거의 역행하는 이러한 생각이 베르그송의 통찰의 중심에 있었다.

그렇지만 행동은 사용 가능한 기억의 극히 일부만을 동원한다. 그 외의 기억은 이러저러한 추억들의 거대한 집합인데, 베르그송은 그 추억들이 살아 움직인다고 보았다. 그래서 우리가 누구인지, 어디서 왔고 어디로 가는지 알려면 그 과거의 유물들이 들끓는 도가니에 뛰어들어 그것들을 만나야 한다. 그래야 비로소 우리의 복잡성과 주체성을, 우리를 구성하며 지금도 계속 쓰이고 있는 "쉼표로 점철되었으나 결코 마침표로 끊어지지는 않는" 이야기의 진면목을 가늠할 수 있다.

베르그송은 《정신적 에너지》에서 이렇게 말한다. "주어진 어느 한 시점에서 내가 현재의 상황, 급박한 행동에 관심을 잃는다고 치자. 달리 말해, 내가 잠이 든다고 가정하자. 그러면 그 부동의 기억들이 내가 장애물을 치웠다는 것을 깨닫고 자기를 의식의 지하에 잡아놓고 있던 덫에서 풀려나 움직이기 시작한다. 그 기억들은 떠오르고, 움직이고, 무의식의 어둠 속에서 거대한 죽음의 춤을

춘다. 그러고는 다 함께 이제 막 살짝 열린 문틈으로 달려든다."

　이 발췌문은 꿈의 상태를 보여주고 있다. 우리의 기억들은 우리가 행동하기를 멈출 때, 따라서 선별이 중지될 때 비로소 자유롭게 풀려나 '춤을 추기' 시작한다. 기억은 가소성이 있고 변화무쌍하며 활동적인 꿈의 재료다. 베르그송의 저작 거의 전부가 한편으로는 꿈을 통해서, 나아가 의식의 모든 현상을 통해서 이러한 기억의 생명력을 보여주고자 한다. 그는 인간 정신의 이해와 인격 형성과 관련하여 근본적인 가르침을 주었다.

　과거의 기억과 추억이 의식 활동 전체에 물을 댄다. 과거는 우리의 지각, 직관, 의사결정, 그 외 우리의 자유로운 인격을 나타내는 모든 것에 끊임없이 고개를 들이민다. 그리하여 우리는 추억의 필터를 통해 세상을 이해한다. 추억이 유비, 유사, 대조를 통해 현실에 중첩된다. 우리는 이해하고 받아들이기 위해 비교하고 대조하고 구분한다. 우리가 보고 듣고 만지는 것은 언제나 뭔가를 '떠올리게' 한다. 새로운 것에는 어김없이 이미 겪은 것의 인장이 찍힌다. 마찬가지로, 우리의 직관 역시 오랜 교육과 체험이 밴 채 우리 안에 깊이 아로새겨져 있다가 때맞춰 튀어나와 우리를 이끌어줄 것이다. 이러한 현상은 기적 같은 예지력이나 신령한 영감이 아니라, 경험의 풍요로운 생산이다. 우리는 우리에게 말을 걸고 우리를 이끌어주는 과거에 깊이 젖어 있다.

4월 초, 나는 창문을 열고 아직은 선선한 아침 공기를 들이마셨다. 가벼운 옷을 걸치고 테라스에서 커피를 마시고 싶은 마음이 들었다. 봄 냄새가 났다. 화창한 날들이 돌아왔음을 느꼈다. 이 독특한 향기가 아니라면 그날 하루 날씨가 좋을 거라 판단하기는 너무 이르다. 하지만 나는 이 향기를 안다. 내가 아는 그 냄새가 맞다. 해돋이를 즐기고 싶은 욕구를 불러일으키는 냄새. 우리의 의사결정 하나하나가 마찬가지다. 그 결정들은 우리를 그 결정 시점까지 끌고 온 삶의 여정을 의식할 때 자유롭다. 우리는 조건들의 집합에 따라 선택할 뿐이다. 그 조건들이 우리의 인격을 만들고 우리의 결정 기준이 되는 원칙과 가치관을 정초한다. 우리는 지금의 우리를 만든 과거를, 우리의 미래를 가리키는 역사를 의식할 때만 자유롭다. 베르그송의 철학은 이 추억이라는 살아 있는 질료를 파악하고, 우리를 미래로 데려가는 움직임 속에 안고 가라고 권한다.

과거는 펄떡펄떡 살아 움직인다

우리는 매일 추억의 생명력을, 기억의 역동성을 경험한다. 세상을 떠난 소중한 존재에 대한 추억이 불현듯 떠오른다. 왜 하필 이 순간인가? 후회에 사로잡히고 마음이 쓰라리다.

오래전 행복의 레미니상스와 함께, 언뜻 스친 냄새, 일상의 사물에 반사된 빛, 라디오에서 흘러나오는 노래가 기억을 깨운다. 그 기쁨의 순간을 잊었었건만, 마치 기다렸다는 듯이 쾌락의 전율이 등줄기를 타고 내려온다. 그 오랜 세월 동안 기쁨은 조금도 훼손되지 않았다. 그 정수, 그 본질을 전혀 잃지 않은 채 현재의 언저리에서 때를 엿보고 있었던 것이다. 우리의 의식에 나타나 우리의 입술에 그 미소를 돌려줄 때를. 어떤 행복은 과거가 되었는데도 기억 속에 여전히 살아 있어서 걷잡을 수 없는 감정을 불러일으키고 달콤쌉싸름한 노스탤지어에 젖게 한다. 현재는 이 생생하고 강렬한 추억의 그늘에 가려 빛을 잃고 시들해진다.

세르주 갱스부르가 〈프레베르의 노래^{La Chanson de Prévert}〉에서 노래한 것이 이 노스탤지어의 힘이다. "나 물론 다른 이들에게도 빠져들지 / 하지만 그들의 노래는 따분해 / 조금씩 나는 무관심해지지 / 그건 어쩔 수가 없는 일인걸 / 〈고엽〉이 들릴 때마다 / 네가 생각난단 말이야."[1]

자크 프레베르의 노래 〈고엽^{Les Feuilles mortes}〉은 갱스부르를 이미 과거가 되었지만 "결코 죽지 않는" 연애의 추억으로 몰아넣는다. 그 연애가 기억 속에 생생하게 살아 있기 때문에 새로운 연애들은 무미건조하고 "따분하게" 느껴진다. 현재는 끈질긴 노스탤지어, 지나치게 완강한 추억 앞에서 만개할 수가 없다. 갱스부르가 다시 사랑을 하려면 망각이 필요할 것이다. 그의 "죽은 사랑이 / 그로써 숨이 다 끊어질 테니." 당연히 추억은 결코 죽지 않는다. 완전한 망각은 불가능하다. 사랑하는 이는 끝났지만 끝나지 않은 연애의 한 장과 함께 사는 법을, 그 연애가 과거 속에 희석되도록 내버려두는 법을 배워야 할 것이다.

　　의식의 좀 더 깊숙하고 아득한 곳에 모든 추억이 그대로 있다. 우리는 기억하지 못하지만 엄연히 존재한다. 그 기억들은 혀끝에서 맴돌고 살갗에 닿을 듯 민감하게 느껴진다. 손에 잡힐 것처럼 그 기억들의 영향이 느껴진다. 하지만 기억들은 빠져나가고 도망가고 스쳐 지나간다. 그것들은 나중에, 가장 예기치 못한 때에 돌아와 우리의 허를 찌를 것이다. 기억의 생애에는 놀라운 일과 수수께끼가 얼마나 많은지!

　　그렇다, 우리의 과거는 펄떡펄떡 살아 움직인다. 가버리지도 않고 언제나 현존한다. 과거는 우리를 겸손하게 만든다. 호락호락 물러나지 않을 뿐 아니라 제 고집대로 하고야 마니까. 과거는 우리가 원할 때가 아니라 자기 마음이 내킬 때 불쑥 나타나고 미리 언질도 주지 않고 현재의 문을 두드린다.

　　우리의 기억력에는 고유한 리듬, 내적 논리가 있다. 기억력은 기본적으로 우리가 이해하지 못하는 자극이나 단서에 반응한다. 때로는 우리를 짓누르는 과거에서 해방되고 싶고, 불편한 순간을 지우고 싶다. 가슴 먹먹한 후회를 떨쳐내고 싶다. 반대로, 영광의 순간은 오래오래 간직하고 싶다. 하늘에라도 오를 듯 한없이 행복했던 순간은 영원했으면 좋겠다. 하지만 기억이 어디 우리 마음대로 되던가. 우리는 어쩔 수 없는 과거와 "주인 말 안 듣는 개"[2] 같은 기억력을 붙잡고 싸워야 한다. 잊을 만하면 또다시 우리를 물어뜯는 이야기와 편안한 관계로 지낼 수는 없을까?

우리가 모색해야 할 것은 과거와 더불어 사는 법, 무거운 짐을 가벼운 마음으로 지는 법이다. 흐르는 시간 속에서 매 순간 미래는 단축되고 경험은 불어난다. "그렇다, 나는 우리가 살아온 생이 아주 상세한 부분까지 기억에 보존된다고 믿는다. 우리는 아무것도 잊지 않는다고, 의식이 깨어난 순간부터 우리가 지각하고, 생각하고, 바랐던 모든 것은 한없이 존속된다고." 베르그송은 《정신적 에너지》에 이렇게 썼다. 얼마나 놀랍고 매혹적인 직관인가. 물론 조금은 불안하기도 하다. 우리의 이야기가 하나도 지워지지 않고 그대로 보존된다니….

베르그송의 강연을 들으려고 구름 떼처럼 몰려들던 사람들이 이해가 간다. 베르그송은 이목을 끌지 않는 외모가 무색하게도 힘이 넘치는 사상을 지닌 인물이었다. 이 철학자는 기억의 생명력 앞에서 겸손할 수밖에 없음을 알았지만 무력함을 고백하지는 않았다. 오히려 기억의 거센 파도를 대하며 자유에 접근하는 새로운 방법으로 우리를 초대한다. 우리를 구성하는 과거를 창조적으로 수용하는 열린 자세를 촉구하는 것이다.

우리의 인격에 모든 개인사가 응축되어 있다면 자유로운 행위는 "자신의 과거와 함께 가는 자"의 전유물이 된다. 그는 과거를 온전히 끌어안고 거기에서 미래로 나아갈 추진력을 얻는다. 우리는 우리의 과거와 자유를 동시에 거머쥘 수 있다. 베르그송이 제안한 것은 그 경지에 이르는 방법과 다르지 않다.

2

과거의 현존들

기억은 하나로 통일되어 있지 않고 다중적이다. 엄밀히 말하자면 '기억들'이라고 해야 할 것이다. 베르그송은 이미 알고 있었다. 우리가 뭔가를 기억하는 방식이 여러 가지이고 학습 역시 다양한 과정을 밟는다는 것을. 그래서 베르그송은 '추억기억'과 '습관기억'을 구분한다.

추억기억은 우리가 딱히 노력하지 않아도 삶의 경험이 쌓이면서 풍부해진다. 처음 한 데이트, 혹은 최초의 실연은 기억에 남는다. 반면 습관기억은 노력과 의지의 소산이다. 이 기억은 배우고 익혀야만 우리 안에 뿌리를 내린다. 신경과학은 베르그송의 직관을 확인해주었을 뿐 아니라 분석을 더 밀고 나갔다. 그리하여 기억에는 두 종류가 아니라 다섯 종류가 있으며, 그중 세 가지는 주를 이루고 나머지 둘은 부차적이라는 것을 밝혀냈다. '일화기억(자전적 기억)'은 베르그송이 말한 추억기억에 해당한다. '의미기억'은 단어와 개

넘에 대한 기억이다. '절차기억'은 우리의 반응과 습관에 결부된 것으로 베르그송이 제시한 습관기억에 가깝다. 그리고 작업과 감각에 관한 '단기기억(작업기억과 감각기억)'이 있다. 앞서 말한 주요한 세 가지 기억은 단지 기억의 양상만을 뜻하지 않는다. 그보다는 과거가 적어도 세 가지 방식으로 우리 안에서 작용하고, 우리를 이끌거나 혼란스럽게 하며, 우리를 떠받치기기도 하고 구속하기도 한다는 의미다. 과거와 잘 살아가는 법을 배우기 위해 이 기억들이 어떻게 작용하는지 신경과학이 알아낸 바를 잠시 살펴보고 가면 좋겠다.

살면서 겪었던 일들에 대한 기억: 일화기억

일화기억은 체험한 것에 대한 추억들의 모음이다. '일화들'은 언제고 의식으로 소환되어 우리의 영혼을 뜨겁게 하거나 심장을 아프게 꼬집을 준비가 되어 있다. 그 일화들은 우리의 날개를 돋게 하거나, 우울감에 빠뜨리거나, 아니면 그저 지나온 삶의 여정을 돌아보게 할 것이다. 일화기억은 개인사의 본거지다. 자기 삶을 하나의 이야기로 기억하는 능력은 인간에게만 있고 다른 동물에게는 없다는 것이 통설이다. 인간이라는 동물의 자의식은 개인의 역사 속의 일화들, 그리고 그 일화들에 결부된 감정을 토대로 삼는다. 물론 동물도 예전에 있었던 일을 기억할 수 있다. 어치 같은 새는 먹이를 숨겨둔 장소, 숨겨둔 먹이의 종류, 심지어 언제 숨겨두었는지까지 기억한다고 한다.[1] 그러나 이런 예가 흔하지는 않다. 더구나 인간의 일화기억이 지니는 풍부함에는 비교도 되지 않는다. 가령, 우리와 가깝다는 유인원들에게도 일화기억은 없다. 동물의 일화기억은 매우 부분적이고 제한되어 있기 때문에 엄밀히 말해 준(準)일화기억이라고 해야 할 성싶다. 코끼리의 기억력이 아무리 뛰어나다고 해도 인간의 기억력에는 명함도 못 내민다.

　　실제로 우리의 일화기억은 놀라운 특성이 있다. 이 기억은 잠재적으로 무한하다. 심리학자 래리 스콰이어와 노벨생리의학상 수상자 에릭 캔델의 연구 덕분에 기억을 제한된 저장공간처럼 생각해서는 안 된다는 사실이 밝혀졌다.[2] 우리의 일화기억에는 한계가 없다. 기억에 저장된 과거의 모든 일화가 역동적 전체를 구성하고 그 전체는 언제든지 새로운 추억을 받아들일 수 있다.

　　저마다 자기 안에 과거의 시퀀스들이 이루는 망망대해가 있다. 우리가 의식하는 추억들은 일화기억이라는 거대한 빙산의 일각일 뿐이다. 우리는 으레 생각하는 것만큼 망각의 동물은 아니다. '잊어버린' 기억도 실은 조금 깊이 처박혀 있을 뿐이다. 때로는 트라우마가 남는 일화를 강하게 억압하지만, 억압된 기억은 특수한 상황에서 난데없이 돌아오기 쉽다. 베르그송의 직관은 이로써 확인

되었다. 어떤 추억을 '잊었다고' 해서 그것을 완전히 잃어버리는 것은 아니다. 추억은 우리 안에 남아 우리의 뇌 속에서 자기 나름대로 작용하고 사고방식이나 세계를 지각하는 방식에 영향을 끼친다.

'잊힌' 추억은 종이에 썼다가 지우개로 지운 글, 하드디스크에서 복구할 수 없이 손상되거나 '덮어쓰워' 영구 손실된 데이터와 다르다. 망각은 상실을 뜻하지 않는다. 추억은 언제고 소년 시절의 여름을 소환하는 어떤 노래, 혹은 홍차에 푹 담근 마들렌의 맛에 힘입어 되살아날 수 있다. 그런 추억을 잊었다고 생각하는 이유는 직접적으로 유용한 다른 추억들이 의식이라는 무대의 전면을 차지하기 때문이거나 우리가 견디기 힘든 일화들을 억압하고 있기 때문이다. 하지만 그 '잊힌' 추억들은 모두 무대 뒤로 약간 물러나 있을 뿐이다. 베르그송의 말마따나 추억들은 어떤 식으로든 우리 안에 "존속된다."

추억의 집요한 생명력에는 두 가지 이유가 있다. 첫째로는 생존을 위한 유용성 때문이고 둘째로는 경험에 깃든 감정의 크기 때문인데, 이런 감정이 생존을 위한 유용성의 신호일 수도 있으므로 두 이유는 곧잘 서로 연결된다. 그래서 우리는 부정적 감정을 더 잘 기억한다. 주로 두려움, 요컨대 생존 본능과 결부된 감정은 우리 종이 오랜 세월 진화하면서 물려받은 기억을 발동시킨다. 나뭇조각 부러지는 소리가 우지끈 나면 조심을 하고, 포식자가 보이면 반사적으로 도망치며, 공포의 비명을 본능적으로 알아차리고 경계 태세를

✧

추억은 소년 시절의 여름을 소환하는 어떤 노래,
홍차에 푹 담근 마들렌의 맛에 힘입어 되살아날 수 있다.
베르그송의 말마따나 추억들은 어떤 식으로든
우리 안에 "존속된다."

취한다. 우리는 잠재적 위험의 단서에 즉각 반응하는 법을 안다. 원초적 불쾌감은 뇌에 경고처럼 작동한다. 뇌는 자기보존을 위해 그러한 경고와 관련된 정보들을 입력하는 법을 배웠다. 우리는 경험을 입력하는 과정에서 그 오랜 진화의 기억을 우리 것으로 품는다. 이렇듯 기억력의 근본 기능으로 인해 오늘날에도 고통스럽고 불행한 추억은 그렇지 않은 추억보다 더 강하게 우리 안에 뿌리를 내린다.

앞서 말했듯 우리는 추억을 뇌에 새겨지는 데이터처럼 여기곤 하지만—20세기 초만 해도 심리학자들조차 대부분 그렇게 믿었다—실상은 그렇지 않다. 추억은 뇌의 특정 영역에 남는 흔적이나 입력되어 있는 이미지가 아니라, 뇌가 체험에 영향을 받는 방식에 더 가깝다.

래리 스콰이어와 에릭 캔델의 흥미로운 책은 이러한 기억의 재현을 다루었는데, 특히 기억력을 뇌의 어느 한 영역의 소관으로 특정할 수 없음을 보여준 실험 이야기는 주목할 만하다.[3] 이를테면 측두엽이나 해마는 오랫동안 기억력의 본거지로 인식되었다. 그런데 캐나다의 신경심리학자 브렌다 밀너는 측두엽과 해마를 대부분 절제한 환자가 여전히 과거를 기억할 수 있음을 보여주었다. 이 환자는 'H. M.'이라는 머리글자로 심리학의 역사에 길이 남게 된다. H. M.은 뇌 절제 수술을 받은 후 새로운 기억을 형성하지 못한 반면, 과거의 일, 특히 어린 시절의 추억은 매우 상세하게 떠올릴 수 있었다.[4] 이로써 측두엽과 해마가 추억의 형성에 결정적 역할을 하는 것은 사실이지만, 기억력이 그 영역들로 특정되지는 않는다는 것이 밝혀졌다. 이 실험의 결과를 통해 스콰이어와 캔델은 뇌에는 추억이 저장되는 데이터센터 같은 것은 없다고 결론 내린다.

기억의 재현에는 뇌의 여러 구조가 동시에 관여한다. 마치 여러 방향으로 뻗은 빛살들이 교차하며 과거의 사건을 비추듯 서로 다른 영역들이 정보를 주고받는다. 각각의 빛살은 추억의 어느 한 면에 대한 정보를 담고 있다. 그때 맡았던 향기라든가 외모, 추억에 관련된 사람들 사이의 관계나 감정, 그 일이 일어난 계절 등. 빛살들이 교차하면서 엮어낸 조직이 추억을 형성하고, 과학자들의 표현을 빌리자면 기억 속에 '코드화'된다. 일단 이렇게 코드화된 추억은, 거기에 관여한 뇌 영역에 모종의 변화가 있더라도 계속 남는다. 이렇듯 신경과학의 최신 발견들은 한 세기 전 베르그송이 대담하게 내놓은 추정을 사실로 확인하고 그의 유심론적 입장을 정당화했다. 우리는 추억이 '어디에' 있는지 알 수 없다.[5]

기억력은 역동적이고 뇌는 끊임없이 변화하고 진화하는 기관이다. 850억 개의 뉴런과 그것들을 연결하는 훨씬 더 많은 시냅스를 상상해보라. 추억은 일종의 주름 혹은 그물망이다. 어떤 일화를 경험할 때 뇌는 신경 시냅스를 형성하는 것으로 반응하고 그로써 회백질(뇌나 척수에서 신경 세포체가 밀집되어 있어 짙게 보이는 부분—옮긴이)이 활성화되면서 서로 다른 영역들이 관계를 맺는다.

이때 수립되는 그물망 혹은 주름은 뇌에 수정을 가하고 추억의 기본 얼개를 만든다. 이렇듯 뇌는 우리의 경험에 의해 변모한다. 어떻게 보자면 추억은 현재의 우리를 읽는 지도다. 이 매혹적인 발견이 30여 년 전 또 다른 근본적인 발견을 끌어냈다. 뇌는 가소성, 다시 말해 계속 변화하는 능력으로 정의된다. 이 뿌리줄기처럼 뻗은 네트워크, 이 '리좀' 구조는 끊임없이 모양을 바꾼다. 마치 고정되지 않고 스스로 재가공되는 우주처럼. 은하들은 태어나기도 하고 죽기도 한다. 별은 초신성으로 폭발하고 성운이 붕괴하여 별이 무더기로 생기기도 한다.

우리의 뇌 역시 늘 변하고, 우리는 언제라도 뇌를 새롭게 변화시킬 수 있다. 이미 형성된 것을 리모델링할 수 있다는 이야기다. 부정적 경험, 아니 지독한 트라우마로 남은 경험에 영향을 받으면 어떤가. 앞으로 살펴보겠지만 어떤 과거의 기억도 우리에게 들러붙어 떨어지지 않는 족쇄와 같진 않다.

기억을 떠올릴 때는 그와 관련된 신경 네트워크가 활성화된다. 이렇게 과거의 신경 경로가 되살아나기는 하지만 그동안 뇌는 쉴 새 없이 변해왔기 때문에 과거와 정확히 똑같은 경로는 아니다. 즉 추억도 형태가 달라진다. 그때 이후의 경험들, 현재의 맥락, 우리의 감정 상태에 따라 다른 형태로 소환되는 것이다. 이런 의미에서도 어제 떠올린 추억과 오늘 떠올리는 추억은 결코 같지 않다.

추억이 경로로 삼는 신경 네트워크는 숲을 구불구불 가로지르는 오솔길 같다. 같은 길이어도 걸을 때마다 다르다. 초목이 더 무성해졌다든가, 비가 왔다든가, 나뭇가지가 많이 떨어졌다든가, 그 길을 찾는 발길이 늘어나서 좀 더 넓어지고 흙이 다져졌다든가. 기억한다는 것은 이미 알고 있는 것을 되찾고 새로운 것을 발견하는 과정이다.

하지만 추억이 소환될 때마다 재구성된다면 상상력이 이 과정에 개입할 수밖에 없다. 기억력과 상상력의 경계선은 명확하게 그을 수 없다. 미국의 신경과학자 엘리자베스 로프터스는 1970년대에 오기억false memory의 존재를 연구했다. 우리가 어떤 사건이 어떻게 일어났다고 믿는 것은 기억력으로만 얻어낸 결과가 아니라 상상력의 영향이기도 하다.

우리도 가끔 경험하지 않는가. 이를테면 가족 간의 어떤 일화는 밥 먹다가도 허구한 날 입에 오르내리고 웃음을 자아낸다. 그러한 이야기는 형제자매, 부모자식의 연을 단단히 하는 공통 체험의 일부다. 그 일화를 직접 겪었고 한 치 틀림없이 알고 있다고 생각해서 신나게 떠드는데 갑자기 아버지가 웃음을 터뜨린다. "아니, 넌 그때 있지도 않았으면서!" 귀에 못이 박히도록 듣고 여러 번 떠올렸기 때문에 실제로 겪은 일보다 더 생생한 추억이 된 것이다.

로프터스의 오기억 연구는 미국 사회에 큰 반향을 일으켰다. 법적 판결에도 영향을 미쳐 더 이상 목격자 증언만으로는 유죄

판결을 내릴 수 없게 되었다. 목격자의 기억이 본인의 상상력에 의해, 혹은 어떤 조작에 휘말려 거짓으로 심어질 수도 있기 때문이다.[6]

우리의 일화기억이 완벽하게 믿을 만한 것이 못 되더라도 추억을 전적으로 불신할 필요는 없다. 추억은 늘 사실로 밝혀지지는 않더라도 축적하고 비교하고 해석할 만한 단서들인 것만은 분명하다. 그러한 기억의 흔적에 부여하는 의미는 거기에 연결 짓는 관념과 가치에 따라 달라진다. 그것이 뒤이어 살필 의미기억의 역할이다.

말과 관념에 대한 기억: 의미기억

노란색이 무엇인지 아는 것, 노랗고 두꺼운 껍질에 싸이고 과육에는 새콤한 즙이 풍부한 과일의 이름이 레몬이고 감귤류에 속한다는 것을 아는 것은 의미기억의 소관이다. 제2차 세계대전이 1945년에 끝났다는 것을 알고 알제리 전쟁의 맥락과 주요 사건을 아는 것 또한 의미기억 덕분이다. 물을 마시고 싶은 욕구를 '갈증'이라는 단어와 연결하고 시원한 물을 들이켠 사태를 '만족'과 연결하는 것 역시 의미기억의 문제다. 첫눈에 반했다는 인식, 증오심, 증거의 확인, 실망, '자유'나 '독립' 같은 개념의 파악, 우리가 이러저러한 '인생사'를 겪고 있다는 생각도 마찬가지다.

의미기억에는 우리가 사물, 개념, 관념, '일반적 진실'에 부여하는 단어들이 포함된다. 세계에 대한 우리의 지식이 이 기억 안에 있다. 의미기억은 일화기억처럼 실제로 겪은 일에 대한 기억이 아니고 그 일에서 추론한 것에 대한 기억을 담는다. 우리의 지식, 관념, 판단 전체가—명시적이든 암시적이든—의미기억에 포함된다.

사람들, 사랑, 권력, 생의 의미, 혹은 우리 자신에 대한 생각을 뚜렷이 의식하지 못할 때는 많다. 하지만 의식에 미치지 않은 채 형성된 이 관념들은 우리와 타자들의 관계, 세계와의 관계, 우리의 감정과 반응에 영향을 미친다. 의미기억에는 이렇게 매우 암묵적인 면이 있다.

가령, 우리는 스스로 사랑받을 자격이 없다고 생각한다는 것조차 알지 못할 수 있다. 암묵적 의미기억에 자리 잡은 이러한 생각은 아마 첫사랑에게 배신당한 사춘기 소년의 경험, 혹은 어머니에게 방임된 아이의 경험에서 비롯됐을 것이다. 우리의 행동과 반응은 그때 고착된 자기표상에서 나오는 것이리라. 마음 깊은 곳에서 막연히 사랑받을 자격이 없다고 느끼기 때문에 관심과 존중을 받지 못하는 상황도 쉽게 받아들이고 부당한 태도도 그냥 넘긴다. 관성이 된 자기 비하는 왠지 모를 불안이나 슬픔의 순간으로 이어지기도 한다.

결론적으로 체험에서 비롯된 자기 판단은 사실에 근거한 것이 아니지만—배신당하거나 방임되었다고 해서 사랑이나 배려를 덜 받을 이유는 없다—우리 안에 단단히 뿌리내려 작용할 수 있다.

암묵적 의미기억에 공고히 뿌리내린 믿음이 새로운 관계를 시작하지 못하게 하거나 행복을 가로막을 수도 있다. 따라서 잘못된 일반 '진실', 체험에서 잘못 도출한 일반화이자 심리치료사들이 '감정적 진실'이라고 부르는 것을 바로잡아야 한다. 일어난 사태를 부정하는 것이 아니라 우리가 끌어낸 결론이 잘못되었음을 이해해야 한다. 쓰라린 실패를 기억하되 '난 쓸모없는 놈이야'라는 결론을 끌어내기보다는 담대하게 '저지를 수도 있는 거지'라든가 '속상한 경험이지만 많이 배웠어'라고 생각할 수 있어야 한다. '실패'를 기억으로 간직하되 '나는 실패자야'라고 판단하지는 않아야 한다. 다행스럽게도 의미기억은 일화기억과 달리 얼마든지 수정할 수 있다.

철학자, 역사가, 정신분석가, 작가 들은 신경과학이 등장하기 전부터 우리가 과거를 새롭게 읽거나 재해석할 수 있다고 알고 있었다. 그로써 깨달음을 얻고 더 큰 통찰력과 행복을 얻을 수 있다는 것도 그들은 알았다. 이 재적응의 가능성은 신경과학과 뇌 영상 촬영기법의 발전 덕분에 과학적으로 확인되었다. 이제 우리는 의미기억과 일화기억이 둘 다 중측두엽에 있으나 각기 다른 위치를 차지한다는 것을 안다(해마와 편도체). 이것은 기억 자체의 위치가 아니라—앞에서 보았듯이 기억은 뇌에 위치하지 않는다—기억을 '소환하는' 기능의 위치를 말한다.

기억의 이 두 기능은 뇌 반구에서 차지하는 위치로 구분될 뿐 아니라 서로 다르게 작용한다. 의미기억은 일화기억에서 유래하지만 자율적으로 자기만의 규칙을 따른다. 일화기억에서 추억 자체를 지우는 것은 불가능하지만 다행스럽게도 암묵적 의미기억 속의 신념을 폐기하거나 다른 신념으로 대체하는 것은 얼마든지 가능하다. 우리는 추억에 결부된 가짜 진실, '감정적 진실'을 바꿀 수 있다. 그릇된 신념이나 자의적 일반화에서 해방될 때 우리는 비로소 전진할 수 있다. 하지만 그러자면 과거에 의문을 제기하고 그 과거가 '지난 일'이 아님을 이해해야 한다. 과거는 선반에 가만히 놓여 있는 장식용 소품이나 하드디스크에 새겨진 데이터가 아니라 재구성되길 기다리며 살아 있다. 언제나 다르게 풀어나갈 수 있는 이야기처럼, 새로운 형식으로 다룰 수 있는 소재처럼.

오늘날 신경과학은 일화기억 속의 어떤 일화를 떠올리면서 우리의 의지로 암묵적 의미기억에 영향을 미칠 수 있다는 사실을 밝혔다. 그 일화에 새로운 의미를 부여하고, 재해석을 하고, 새로운 '일반 진실'을 끌어내면 되는 것이다. 바로 일화기억과 의미기억의 기능적 차이가 핵심 요소다. 이 차이에 힘입어 우리는 고통스러운 과거를 더 이상 곱씹지 않고 다른 시각으로 조명할 수 있다.

사회학자 디디에 에리봉은 자전적 이야기 《랭스로 되돌아가다》에서 이 현상을 특별한 관점에서 바라본다. 암묵적 의미기억에 뿌리내린 해석들은 순전히 개인적인 것이 아니며 가족적이고 사회학적인 유산의 스펙트럼을 통과한다. 우리의 '진실'은 부분적으로 우리의 사회 환경에 영향을 받거니와 그 환경에 따라 결정되기도 한다. 암묵적 의미기억은 실제로 세상과 사회에 대한 표상들을 담고 있으며, 그 기억이 전달하는 생활수칙, 가치관, 신념은 개인적 체험 못지않게 우리가 속한 사회계급의 유산에서 비롯된다.

에리봉은 이 책에서 자신이 어려서부터 좋아했던 책과 공부를 노동자 계급인 부모, 특히 아버지가 얼마나 멸시했는지 묘사한다. 문학과 사회과학 취향, 지식을 통해 자기 계급을 벗어나겠다는 야심은 부모들에게 "분수를 모르는 짓"이자 자기의 출신과 노동자 계급의 가치를 배신하는 태도로 매도당한다. 에리봉의 아버지는 그런 식으로 생각하고 멸시하는 태도를 보임으로써, 혹은 적어도 아들의 지적 호기심을 깎아내림으로써, 사회적 기억을 영속시킨다. 그 기억은 아버지 본인의 과거인 동시에 노동자 계급의 과거 전체다. 그 과거의 이야기는 암묵적이면서도 명시적인 의미기억에 (그가 물려받은 신념과 동시에 노동자 계급의 조건과 역사에 대해서 그가 습득한 앎에도) 뿌리를 내린다. 대대로 그의 집안은 책과 담을 쌓은 사람들뿐이었다. 대부분 열세 살까지만 학교에 다녔고 그 후에는 직장을 구하거나 부모의 일을 돕는 것으로 가계 소득에 힘을 보탰다.

에리봉도 본인의 의지와 상관없이 그러한 사회적 기억을 물려받았다. 그는 평생을, 심지어 지금까지도 '사회적 수치심', 즉 자기 사람들을 배신하고 문사이자 학자이자 작가가 되었다는 혼란스러운 감정을 느낀다고 고백한다. 《랭스로 되돌아가다》가 환기하는 이 사회적 역사의 영향에 그는 동의하지 않았으나 거기에서 자유로울 수는 없었다. 그 영향은 그의 의미기억 속에 있었고 자기 자신과 사회적 차이에 대한 지각을 좌우했다.

에리봉은 노동자의 아들이 단지 학교, 문학, 사회학을 좋아해서 "분수를 모르는 짓"을 했다고 생각하지 않는다. 그러한 판단은 그의 것이 아니다. 하지만 학업 과정을 밟는 내내 비난조의 말을 들었고 그 말은 내면에 거센 반향을 일으켰다. 그의 의미기억 속에서 자신은 노동자의 아들로 태어난 이전 세대들, 사회적 상승이 불가능했던 이들의 안내인이었다. 무시당하고 잊힌 그들은 사회경제적 지배 상황을 내면화하고 역으로 "성공한 사람들"의 변별적 요소— 공부와 지식—를 깎아내리게 되었다. 그러한 사회적 표상은 아버지에게서 아들로 전달되었다.

우리가 물려받은 유산이 우리를 통하여 영속되기 위해 반드시 우리와 일치를 이룰 필요는 없다. 오히려 그 반대다. 우리 안에 지닌 것, 우리 개인의 과거뿐만 아니라 우리 조상과 사회적 계급의 과거까지 이해하려면 시간이 걸릴뿐더러 영원히 이해에 도달하지 못할 수도 있다. 앞선 이들의 체험은 일화기억으로만 그들에게 남는 것이 아니다. 사실상 일화기억은 객관적 데이터가 아니다. 그러한 기억은 사회문화적 맥락과 주체의 감정에 따라 윤색된다.

부모들이 경험에서 끌어낸 판단, 교훈, 해석은 일부분 사회적 맥락에 의해 정해진 것으로, 암묵적 의미기억의 핵심을 이루며 대대로 전달된다. 그러니까 우리의 과거는 우리가 태어나기 훨씬 더 전부터, 우리보다 앞서 살았던 이들의 삶과 신념과 고통과 기쁨에서부터 비롯되어 부지불식간에 우리에게 전해진다. 우리가 이 과거를 의식하지 못한다면, 우리의 의미기억의 내용을 설명하지 못한다면 자기 자신을 잘 모른 채 살아갈 위험이 있다.

　　자기 자신이 낯선 사람은 자기를 고통스럽게 하는 문제들 앞에서 무력하다. 에리봉은 그가 의식하기 전부터 책과 공부를 좋아한다는 이유로, 또한 동성애자라는 이유로 자기 사람들을 배신했다는 죄의식을 품었다. 자서전적인 글을 쓰면서, 자신의 일화기억을 되돌아봄으로써 그것을 배신이라고 생각했던 이유를 이해한다. 이때 비로소 그는 새로운 해석을 펼치고 그러한 신념에서 차츰 해방된다. 학문적 성공과 사회적 신분 상승은 자기 사람들을 부끄럽게 하는 것이 아니라 오히려 영광스럽게 하는 것, 자신을 키워준 그들의 노력에 보답하는 것 아닌가?

　　에리봉은 사회적 계급에서 물려받은 일반적인 표상과 관념을 새로운 해석으로 대체함으로써 자신의 의미기억을 수정했다. 이 묘를 깨우치기 위해 여러분이 작가가 되어야 할 필요는 없다. 앞으로 보겠지만 누구나 어느 정도는 자신의 역사를 다시 쓸 수 있으니까.

류트 연주자의 능숙함: 절차기억

세 번째로 살펴볼 기억은 절차기억 혹은 기술적 능력에 대한 기억이다. 절차기억은 습관과 반사적 반응에 대한 기억으로 운전을 하거나, 자전거를 타거나, 피아노를 연주하거나, 수저를 써서 밥을 먹거나, 칫솔로 이를 닦을 때 관여한다. 우리는 이런 활동을 하면서 우리가 취하는 동작 하나하나, 우리가 동원하는 기능 하나하나를 의식하지 않는다. 절차기억 덕분에 우리가 할 줄 아는 모든 것을 실감조차 하지 않고도 해낸다.

첫 단추는 학습이다. 이 동작들, 혹은 '절차들'을 배우고 반복해서 몸에 익혀야 한다. 시간이 갈수록 절차들을 정확히 수행하게 되고 완전히 터득하기에 이른다. 점점 더 때와 장소에 맞게, 자연스럽게, 굳이 신경 쓰지 않고도 해내게 되니 신체 및 정신 자원을 다른 곳에 쓸 수도 있다.

자전거를 처음 배우는 아이는 손잡이를 잡고 온 신경을 집중한다. 손가락은 앞브레이크보다 뒷브레이크를 찾기 바쁘고, 발로 페달 밟으랴, 넘어지지 않게 균형 잡으랴 정신이 하나도 없다. 그러다 반복의 미덕에 의해 동작들이 몸에 익으면 타고난 본능처럼 자전거를 몰 수 있고 주행 중에 다른 데 신경을 쓸 수도 있다. 도로 환경이나 위험물의 유무, 아름다운 경치, 머릿속에서 오가는 상념들…. 자전거를 몰기 위해 주의력을 쏟지 않아도 몸이 알아서 움직인다. "신체는 동작을 기억해서 자기가 필요할 때 소환할 수 있다"라고 1803년에 멘 드 비랑은 썼다. 현대 심리학의 선구자 중 한 사람인 이 프랑스 철학자는 절차기억을 처음으로 정의했다(당시에는 '기계론적 기억'이라는 표현을 썼다).

그보다 한 세기 전, 데카르트는 류트 연주자의 기억은 마치 "손가락에 깃든 것처럼", 마치 손이 "알아서" 움직이는 것처럼 작동한다고 했다. 자전거를 편하게 탈 수 있게 된 아이처럼, 연주자는 손놀림 하나하나에 주의를 기울일 필요가 없다. 연주 기법의 요소 하나하나에 신경 쓰는 연습이 이미 충분히 되어 있기 때문이다. 그는 이제 작품의 해석에만 온전히 마음을 쓰면 된다.

우리는 이러한 노하우들을 태어난 순간부터 수십 년에 걸쳐 축적해왔다. 자전거로 시골길을 달리거나, 오랫동안 피아노를 멀리했다가 다시 건반 앞에 앉아 그 어려운 쇼팽의 곡을 띄엄띄엄 떠올리거나, 테니스장에서 굳이 동작을 고심하지 않고도 서브를 넣을 수 있다면 우리는 과거와 함께 사는 것이다.

절차기억은 일화기억이나 의미기억처럼 해마나 편도체와 관련하지 않고 다른 영역들, 특히 소뇌, 기저핵, 운동피질과 그 외 운동 조절에 관여하는 영역들로 좌우된다.[8]

그러니까 기억에 관한 한, 우리의 몸을 믿어도 된다. 이 과거의 현존을 믿고 가도 괜찮다. 레미니상스는 의식적으로 기억을 떠올

◇

오랫동안 피아노를 멀리했다가 다시 건반 앞에 앉아
쇼팽의 곡을 띄엄띄엄 떠올리거나,
테니스장에서 동작을 고심하지 않고도
서브를 넣을 수 있다면
우리는 과거와 함께 사는 것이다.

리려고 노력해서 오는 것이 아니라 의외의 길로 둘러 온다. 절차기억이야말로 인생에서 가장 충직한 내 편이다. 절차기억은 세월의 공략에도 잘 무너지지 않는다. 알츠하이머 환자들은 자기가 어디서 결혼을 했는지, 딸 이름이 무엇인지는 기억 못 해도 운전, 달걀 프라이 만드는 법, 구두끈 묶는 법은 꽤 오랫동안 잊지 않는다.[9]

과거가 힘든 사람들이 있다. 후회와 좌절이 클 수도 있고 트라우마가 있을 수도 있다. 불쾌한 추억이 나도 모르게 떠올라 숨이 막힐 것처럼 괴로울 수도 있다. 그러나 과거가 드러나지 않게 작용하면서 우리의 일상에 함께한다는 것을 잊어서는 안 된다. 과거는 가장 평범한 몸짓들 속에 현존한다. 걸음을 걷거나 자전거를 타거나, 계단이나 사다리를 오르내리는 몸짓들 속에.

내게도 그런 경험이 있다. 지금 여러분이 읽고 있는 이 장을 쓰느라 바빴을 때다. 모처럼 오토바이를 몰고 시골길을 달리고 싶어졌다. 나는 창고에 보관된 오토바이의 묵은 먼지를 털어낸 다음 안장을 열려고 애를 썼다. 내 기억으로는 안장 밑에 연료 탱크 마개가 있었다. 나는 기다란 용수철 끝에 고리가 붙어 있었던 것 같은 희미한 이미지를 머릿속으로 떠올리며 오토바이 주위를 빙빙 돌았다. 기억을 좀 더 명확히 떠올리고 싶었지만 잘 안 됐다. 그 마개를 도저히 찾을 수 없었다. 그런데 오토바이 안장에 올라타자마자—오토바이를 타지 않은 지 500년은 된 듯한데도—내 손이 자연스럽게 안장 뒤로 가더니 오른쪽 아래 보이지도 않는 작은 홈을 찾아서 가느다란 금속 따개를 잡지 않겠는가. 데카르트가 말한 류트 연주자의 손처럼 내 손이 나보다 더 잘 알고 있었다. 나의 기억은 손에 "깃들어" 있었다.

　　마찬가지로, 이따금 건물의 공동현관 앞에서 비밀번호가 생각이 안 난다 싶었는데 손가락을 믿어보자는 심산으로 눌러보면 문이 열릴 때가 있다. 때로는 몸이 우리보다 기억력이 훨씬 낫다!

　　절차기억은 무의식적이다. 프로이트적인 의미의 억압된 무의식이 아니라, 우리가 의식하지 않아도 자동으로 작동한다는 의미에서 그렇다. 오랫동안 익혀온 습관은 우리에게 너무도 익숙하기 때문에 "제2의 천성"이 된다.[10] 우리의 과거는 이 습관의 힘을 통하여 강력하면서도 은은하게 현재에 존재한다.

　　일화기억, 의미기억, 절차기억은 우리의 주요한 세 가지 기억이다. 우리가 흔히 '기억'이라고 할 때는 이 세 가지 기억을 가리킨다. 예를 들어, 과거에 들었던 역사 수업을 떠올릴 때 이 세 기억은 동시에 관여한다. 그때는 봄날 오전이었고 우리는 역사 선생님의 이야기에 완전히 빠져들었다. 처음으로 역사 선생님이 재미있고 호감 가는 사람으로 보였다. 이건 다 일화기억에 해당한다. 그날 수업은 냉전 시대에 대한 것이었고 '피그스 만 침공'이니 '공포의 균형'이니 하는 표현 혹은 개념을 배웠다. 그 일과 관련된 지식들은 전반적으로 의미기억에 해당한다. 그로부터 30년이 지나 내 아이가 냉전에 대해서 발표수업을 준비하는 것을 도와주면서 나는 예전에 이런 일을 너무 많이 반복해서 무엇 하나 잊어버리지 않았다는 사실을 깨닫는다. 우리의 절차기억이 실력을 발휘하는 것이다.

이 세 기억은 모두 장기기억이다. 이 기억들은 우리가 과거를 재작업하게 해준다. 여기에 작업기억과 감각기억이라는 두 가지 단기기억이 추가된다.

작업기억과 감각기억: 단기기억

작업기억은 정보를 잠깐만—기껏해야 1분 정도—붙잡아놓을 수 있다는 점에서 장기기억과 구분된다. 가령, 메시지에 남겨 놓은 전화번호를 기억하려고 할 때 우리는 작업기억을 동원한다. 작업기억은 미약한 '저장 능력'으로 다른 기억들과 구분되는데, 한 번에 기억할 수 있는 정보는 일반적으로 7개(일곱 '뼘')다.[11]

작업기억은 작동 방식도 장기기억과 다르다. 30초에서 1분 정도, 우리는 나머지는 다 '지우고' 오로지 지금 당장 필요한 정보만, 이를테면 이 전화번호 일곱 자리만 붙잡아놓을 수 있다. 통상적으로 장기기억은 컴퓨터 메모리에 비유되는 반면, 작업기억은 컴퓨터의 RAM^{Random Access Memory, 임의 접근 저장 장치}, 즉 프로그램 실행에 필요한 데이터를 일시적으로 저장하는 장치에 비유될 수 있다. 컴퓨터가 더 이상 사용하지 않으면 RAM의 데이터는 사라진다.

더욱이 작업기억의 중요성은 전전두엽의 발달을 설명해준다. 우리 인간은 작업기억의 근거지인 이마가 넓고 앞으로 튀어나와 있다. 다른 영장류의 이마는 납작하고 푹 꺼져 있다. 어려움을 해결하기 위해 선별된 정보를 잠시 붙잡아놓을 수 있는 이 능력도 우리의 역사를 이야기 형태로 추적할 수 있는 장기기억의 능력 못지않게 우리가 다른 포유류와 구별되는 중요한 특징이다. 장기기억이든 단기기억이든, 기억은 우리의 인간다움을 잘 나타내는 지표다. 작업기억은 또한 정보들이 통과하는 선별 구역과도 비슷하다. 이 구역에서 장기기억으로 보존될 정보들이 따로 분류되는 것이다.

하지만 더 흥미로운 점이 있다. 장기기억에 저장된 추억은 단기기억을 다시 통과하여 '재작업' 혹은 '재처리'되었다가 장기기억으로 '재이송'된다. 디디에 에리봉은 《랭스로 되돌아가다》를 쓰면서 이 과정을 수행했다. 일화기억의 추억들을 작업기억으로 경유시켜 자신의 의미기억 속에서 새로운 의미를 부여한 것이다.

심리상담이나 정신분석을 받을 때, 혹은 친구에게 속내를 털어놓을 때 우리는 실패를 돌아보고 같은 과정을 밟는다. 일화기억에서 추억을 꺼내어 우리의 작업기억에 위치시킨 뒤 심리상담사나 친구와 대화를 나누면서 새롭게 조명하고 재처리하여 새로운 의미를 찾는다. 실패를 애석하게만 여겼는데 이제 와 생각해보니, 그때 현실의 저항에 부딪히면서 소중한 경험을 했다. 작업기억에서 리모델링을 거친 추억은 다시 장기적인 의미기억이 되어 새로운 분위기, 새로운 의미를 띨 것이다. 그래서 '작업기억'이라는 표현이 딱 맞는다. 기억은 과거를 보존만 하는 게 아니다. 기억은 과거를 재작업한다.

감각기억도 작업기억과 비슷하게 작동하지만 지속 시간이 더 짧다. 1분은커녕 1초도 길다. 감각기억은 환경에서 비롯된 지각들(이미지, 소리, 냄새, 맛…) 전체를 찰나의 순간에 저장한다. 감각기억은 우리의 감각이 제공하는 정보들을 매우 충실하지만 순간적으로 저장한다. 현재 혹은 미래에 유용해 보이거나 강렬한 감정이 깃든 정보만 그 순간의 벽을 넘을 것이다. 이렇게 선별된 감각 정보만 작업기억으로 넘어가고 결과적으로 장기기억까지 갈 수 있다. 그러므로 감각기억은 거의 자동적인 기억, 지각 능력의 결과다. 특히 이 기억에서는 정보가 한 방향으로만 움직이고 데이터를 재처리하지 않는다. 단, 감각기억만으로 과거로 돌아갈 수는 없으므로 이 책에서는 깊이 다루지 않을 것이다.

신경과학자들은 이렇듯 현재를 사는 우리가 과거와 지속적이고 복잡한 관계를 유지한다는 사실을 보여주었다. 그 관계는 다섯 가지 기억에 상응하여 다섯 가지 양상을 띤다. 우리의 개인사에는 무한히 넘쳐나는 일화가 있다. 그 일화들은 재소환하고 재구성 되기만을 기다리고 있다(일화기억). 과거와의 관계는 의식되지 못한 신념들의 프리즘을 거치는데 그 신념들이 일화기억에 의미를 부여함으로써 우리의 행복을 방해할 수도 있고 도울 수도 있다(의미기억). 우리가 배우고 익혀서 이제 의식하지 않고도 매 순간 기대는 기억이 있고(절차기억), 단기적으로 유용한 정보에 대한 가까운 과거와의 관계도 있다(작업기억). 찰나의 순간, 우리가 지각한 것 가운데 유용한 정보를 결정하는 과거와의 관계도 있다(감각기억). 이 다섯 가지 기억이 합쳐져서 영속적으로 작용하는 것이다.

이 과거의 층위들이 현재의 중심에 차곡차곡 쌓인다. 역사학자 페르낭 브로델이 역사적 사건의 현재에 대해서 했던 말이 여기서 울림을 갖는다. 그는 《지중해 : 펠리페 2세 시대의 지중해 세계》[12]에 쓴 훌륭한 서문에서 그러한 사건 하나하나에는 다양한 과거의 층위, 다양한 기억이 중첩된다고 했다. 그러므로 역사적 사건을 이해하려면 아주 긴 시간(자연환경과 지리의 영향), 긴 시간(사회 운동의 역사, 사람들의 이동, 사상), 짧은 시간(사건 자체, 민중의 동요, 그들의 열정, 분노, 야망)을 모두 고려해야 한다.

아주 긴 시간이 '높은 파도'라면 '표면적 움직임'은 거대한 조수 간만 위에 나타난다. 현재를 이해하려면 대세와 미시적 동향, 높은 파도와 포말을 모두 보아야 한다. 즉 과거의 다양한 층위를 통합할 수 있어야 한다.

이 원리는 개인 차원에서도 유효하다. 우리의 과거는 우리가 생각하는 것보다 크고 다층적이다. 우리는 과거의 다양한 층위들로 이루어진 현재에 살고 있다. 과거의 여러 가닥이 또 그만큼 많은 그물코를 이루고 현재의 재료가 된다.

2부

과거와 마주하기

3

과거는 현재로 통하는 문이다

과거가 우리 안에 살며 끝없이 우리를 만든다고 하지만, 우리는 '순수한 현재'의 순간을 사는 것만 같다. 이 순간을 온전히 누리고 있을 때는 과거의 일들이 잠잠해진 듯하다. 비로소 발목을 잡던 과거에서 해방된 것 같고 떨치고 싶던 과거를 넘어선 것 같다. 아름다운 자연 풍경을 바라볼 때, 바다에 뛰어들어 헤엄을 칠 때, 맛있는 음식을 즐길 때, 한마디로 우리의 감각으로 세상과 만날 때 갑자기 한없는 충만감이 밀려든다. 이게 바로 **지금 여기에 온전히 임하는** 것 아닌가? 하지만 좀 더 면밀하게 들여다보면 그렇지만도 않다. 여기서도 과거의 경험과 기억은 결정적 역할을 한다.

한 남자가 익숙한 풍경을 바라보며 꿈꾸듯 상념에 젖는다. 평화로운 호수를 중심으로 초록 골짜기에 둘러싸인 풍경. 그의 고향 샤랑트 하면 떠오르는 전형적인 풍경이다. 젊은 날의 그는 여기와서 풍경을 바라보곤 했다. 그때는 이 풍경을 보기만 해도 기쁨이 넘쳤으나 그 고요하고 평온한 세상 너머가 무척 궁금했다. 그의 몽상적인 시선이 머무는 지평선 너머에 그의 야망들이, 가능성으로 가득 찬 세상이 있을 것만 같았다. '파리에 상경해서 큰 식당에 종업원으로 들어가야지. 밑바닥에서부터 차근차근 올라가 나중에는 매니저가 되고, 그다음엔… 내 식당을 가지지 말란 법도 없잖아?'

그는 성공할 것이다. 대단한 일을 해내고, 알아주는 사람이 될 것이다. 어린 시절 골짜기를 비추는 금빛 햇살은 그에게 희망찬 약속으로만 보였다. 그의 미래도 저 햇살처럼 눈부시게 드러나리라. 그러나 세월이 어둠과 환멸을 몰고 왔다. 그는 '파리에 상경했지만' 일은 그의 예상대로 풀리지 않았고 생각보다 기회도 없었다. 그가 애초에 그렸던 길은 막다른 골목에 다다라 있었다. 누군가를 열렬히 사랑했지만 배신과 상처도 겪었다.

그래서 홀로 고향에 돌아왔다. 출발점으로 돌아와, 그때와 똑같은 풍경을 바라보고 있다. 그때처럼 골짜기는 푸르고 금빛 햇살 아래 호수는 반짝거린다. 어쩐지 그의 마음은 서글프고 쓰라리기만 하다. 풍경은 그때처럼 아름답건만 이뤄지지 않은 약속들만 남았다. 이제 그는 탁 트인 그 풍경에서 평화로운 외면 너머에 감춰진 세상의 비정함을 느낀다. 그가 체험하고 견뎌낸 것, 인생에 대해서 알게 된 것, 실패와 낙담의 과거, 새롭게 얻은 통찰력까지도 그가 현재에 존재하는 방식을 관통한다. 과거가 풍경에 대한 현재의 지각과 경험에 배어 있는 것이다. 그의 관조는 '지금 여기'에서만 이루어지지 않는다. 그의 개인사를 끌어들이고 젊은 날의 몽상은 역전된다. 자연 풍경, 예술작품, 아름다운 얼굴을 홀린 듯 바라볼 때조차 우리는 그 순간만 살지 않는다. 우리는 과거와 함께 지금 여기에서 산다. 아마 그가 젊어서 이 풍경을 바라보던 때도 그보다 더 어렸던 시절의 희망과 기대, 조바심과 이상이 함께했을 것이다. 그때도 그의 내면 상태가 풍경의 관조에 흔적을 남겼을 것이다.

"추억이 배어 있지 않은 지각은 없다." 베르그송이 《물질과 기억》에서 한 말이다. 호수를 바라보는 시각은 그대로이지만 남자의 추억은 변했고, 그로 인해 풍경에 대한 지각도 달라졌다.

처음부터 포도주를 즐길 줄 아는 사람은 없다

지각은 과거를 소환한다. 지각은 거의 항상 과거의 인상과 그에 결부된 추억을 포함하기 때문이다. 하지만 이러한 생각이 또 다른 의미를 지닐 수도 있다. 과거의 특정 일화를 불러일으키지 않더라도 모든 지각은 학습에 속한다. 우리는 현재를 지각하는 법을 배우는 한에서만 현재를 풍부하게 이해할 수 있다. 우리가 자연 풍경을 관조하고, 어떤 작품의 고유한 미학을 음미하고, 때로는 충격적이기까지 한 요리나 포도주의 섬세한 풍미를 즐길 줄 아는 것은, 과거에 현재를 오롯이 지각하는 습관을 들여 감수성, 혹은 취향을 잘 계발했기 때문이다.

나는 부르고뉴산 포도주를 특히 좋아한다. 30년 전에는 뭐가 뭔지도 모르고 마셨지만 포도주에 제대로 입문한 지금은 다양한 노트를 구별할 수 있다. 버섯 맛과 어우러지는 초목의 냄새, 으깨진 딸기의 묵직한 향기, 살짝 스치는 달콤한 향신료의 향, 입안에 머금었을 때 느껴지는 상큼한 산미는 왠지 영국제 사탕이 생각난다. 부르고뉴산 포도주는 처음 마셨을 때부터 나를 사로잡고 감각을 즐겁게 했다. 나는 부정할 수 없는 쾌감을 느꼈다.

미묘한 맛의 뉘앙스를 음미하게 될 때까지는 시간이 좀 걸렸다. 포도주 시음을 배우고 공부하면서 후각과 미각을 훈련시켰다. 다양한 품종을 맛보았고, 특히 보르도 지역의 블렌딩 포도주와 비교하면서 피노 누아 품종의 특징과 부르고뉴의 테루아(토양을 뜻하는 말로 주로 포도주가 만들어지는 자연환경 혹은 자연환경으로 인한 포도주의 독특한 풍미를 뜻한다−옮긴이)를 확실히 알게 되었다.

물론 이런 생각을 다 하면서 포도주를 마시진 않는다. 오로지 이 순간 포도주가 선사하는 즐거움에만 집중한다. 하지만 단언할 수 있다. 내가 이렇게 포도주를 깊이 즐길 수 있는 건 오랫동안 공부했기 때문이다. 예전에는 놓쳤던 복잡미묘함까지 느낄 수 있고, 과거의 지각에 비추어 다른 포도주와의 차이를 포착할 수 있다.

가령, 같은 피노 누아 품종이어도 칠레산이나 아르헨티나산은 마시면 바로 안다. 포도의 품종은 같아도 토양, 양조 방식이 완전히 다르기 때문이다. 머리 아프게 따지면서 술을 마시진 않는다. 그러나 맛에 신경을 집중하면 어떤 공통의 정체성을, 이제는 내 것이 되기도 한 이야기의 일부를 감지할 수 있다.

내가 샹볼 뮈지니 혹은 모레 생드니를 마실 때 느끼는 즐거움의 한복판에는 내 과거의 어떤 것이 쌓여서 응축되어 있다. 이 과거 혹은 오랜 교육이 내가 들이켜는 모든 잔에 충만하게 현존하지는 않는다. 그러한 현존은 나의 즐거움에 기울이는 주의력, 포도주가 소환하는 추억에 달려 있다. 포도주를 마시면서 나는 과거로 여행을 하는 동시에 역설적으로 현재에 온전히 임한다.

제대로 이해하고 음미하기 위해서는 발견과 습관이 필요한 경험들이 있다. 그런 경험들은 다 마찬가지다. 일례로 어떤 종류의 음악은 처음 들을 때는 어렵다. 쩌렁쩌렁한 기타 연주에 걸걸한 보컬이 어우러진 '시끄러운' 록 음악은 처음에는 멜로디도 모르겠고 화성도 모르겠고 당황스럽기만 하다. 하지만 친구의 손에 이끌려 간 콘서트장에서 그 열기를 한번 맛보고 나면, 아니면 그냥 그 불투명한 소리의 벽 너머에서 마음을 끄는 뭔가를 발견하고 나면, 그다음부터는 일부러 찾아 듣게 되고 점점 익숙해져서 그쪽으로 취향이 발달한다. 나중에는 굳이 애쓰지 않아도 록 음악을 자연스럽게 즐기게 된다. 그런 음악을 좋아하는 법을 배운 것이다.

청각, 미각, 후각… 감수성은 익힐 수 있고 연마할 수 있다. 지각과 감각, 그에 결부된 감정은 처음부터 다 주어지지 않는다. 굴을 맛있게 먹는 아이들은 거의 없다. 그렇지만 다들 나이가 들면 굴 요리에 드라이한 백포도주를 곁들이는 즐거움을 알게 된다. 굴 맛을 알기 전까지 거쳐온 단계를 기억해보자. 어릴 때는 굴이 식탁에 올라오면 인상을 찡그렸다. 그러다 12월의 어느 저녁에 '그래, 한번 먹어보자' 마음먹었을 테고 입에 넣자 여름 바다가 생각나는 그 맛이 생각보다 괜찮았을 것이다. 그때부터 굴은 햇살 아래 즐기는 해수욕과, 겨울철 가족이나 친구 들과 함께하는 식사와 자연스레 연결되지 않았던가?

섬세한 맛의 포도주, 난해한 음악, 신선한 굴을 즐길 수 있는 이유는 감각의 취향을 발달시킨 과거 덕분이다. 과거가 우리에게 암호 혹은 열쇠를 주고 우리를 훈련시켰다. 쉽게 말해, 습관을 들여주었다. 바로 지금 기쁨의 은총에 온전히 빠진 것 같아도 거기엔 우리의 과거가 관여한다. 우리의 지각 능력에는 역사가 있다. 맛보고, 듣고, 바라보고, 만지고, 냄새 맡는 능력까지도 우리는 과거의 산물이다. 시간에서 뽑혀 나와 기적처럼 지금 여기에 뚝 떨어진 존재가 아니란 말이다.

✧

섬세한 맛의 포도주, 난해한 음악,
질 좋은 굴을 즐길 수 있는 이유는
감각의 취향을 발달시킨 과거 덕분이다.

아름다움은
밝혀내는 자의 것

스코틀랜드 출신의 철학자 데이비드 흄은 본성이나 선천적 자질에 속하지 않고 스스로 익히고 계발하는 이 취향을 두고 "취향의 섬세함"[1]이라는 근사한 표현을 사용했다. 자연 풍경이든 예술작품이든 아름다운 것을 자주 접하고 그 미묘한 차이를 감지하면서 섬세함을 기를 수 있다. 학습의 기억이 정확히 남지 않더라도 우리는 그 흔적을 심미적 쾌락을 통해 간직한다. 이때 우리의 과거는 드러나지 않으면서도 현존한다. 과거는 신중하게 우리를 지지하고 떠받치고 부양하면서 더욱 다양하고 미묘한 즐거움을 누리게 한다.

흄은 "섬세한 취향"이 일부분 타고난 기질에 속하고 또 일부분은 학습에 속한다고 보았다. 이 '섬세함'이 소박하고 즉각적인 기쁨을 방해하지는 않는다. 포도주에 조예가 상당한 사람이라면 어떤 포도주의 진가를 발견한답시고 일부 사람들이 그러하듯 장황하게 분석하지 않는다. 그저 빛깔을 감상하고 잔을 가볍게 흔들어 향을 맡고 입술에 가져가면, 축적된 경험이 지각에 집중되고 쾌감이 깨어난다.

마찬가지로, 미술 애호가는 그림 앞에서 즉각적이고 단순하게 아름다움의 현존을 발견한다. 그는 많은 말을 하지 않고도, 작품을 바라보는 적절하고 숙련된 시선만으로 다른 관객들의 길잡이가 될 수 있다. 그러한 전문가들은 충분한 지식을 갖고 있지만 떠벌리지 않는다. 그들은 섬세함을 갖추고 있기에 경험의 즉시성, 그 순간이 주는 생생한 기쁨을 놓치지 않는다. "나는 단순한 쾌락을 사랑한다. 그러한 쾌락이야말로 복잡한 영혼의 마지막 피난처이기에." 오스카 와일드가 한 말이다.

우리는 양조 전문가나 16~17세기 마니에리스모(르네상스에서 바로크로 가는 과도기에 나타난 기교가 많은 미술양식─옮긴이) 회화 전문가가 아니지만 그러한 전문지식에서 영감과 배움을 얻어 과거의 지각을 바탕으로 우리 나름의 이해를 넓히고 취향을 계발해 쾌락의 팔레트를 확대할 수 있다. 흄이 말하는 '섬세함'을 잘 계발할수록 삶은 복합적이고 풍요로워지며 다채로운 맛을 선사할 것이다.

쥐라에서 생산되는 뱅 존(쥐라 지방의 특산물로 노란색을 띠는 백포도주─옮긴이), 익스페리멘털 록 밴드의 음악, 자크 드 게인 2세의 17세기 바니타스화(해골, 썩은 과일, 모래시계 등 죽음의 필연성이나 인생의 덧없음을 상징하는 물체를 그린 정물화─옮긴이)는 공부를 좀 필요로 할지라도 그 열매는 충분히 달다. 지금 이 포도주를 마시면서, 지금 이 '시끄러운' 음악을 들으면서, 혹은 회화를 감상하면서 느끼는 즐거움은 분명히 현재의 것이나 지각의 중심에 있는 우리의 과거와도 연결되어 있다.

지각과 감정이 자연스럽게 일어난다고 생각하기 쉽지만, 아름다움이 늘 한 번 봐서 느껴지는 것은 아니다. 아름다움을 느끼려면 그것을 밝혀내야 한다. 오스카 와일드가 유머 넘치는 글로 강조했듯이[2] 우리의 시선은 배움, 문화, 나아가 예술의 역사에 힘입어 확장된다.

> "사물은 우리가 바라보기에 존재한다. 또한 우리가 보는 것, 바라보는 방식은 우리가 영향을 받은 예술에 달려 있다. [⋯] 현재 사람들이 안개를 감상한다면 그것은 안개가 있어서가 아니라 수많은 화가와 시인들이 안개의 신비로운 아름다움을 가르쳐주었기 때문이다. 런던에 안개는 수 세기 동안 있었을 수 있다. 아니, 있었다고 단언하련다. 하지만 아무도 안개를 보지 않았다. [⋯] 안개는 예술이 그것을 만들어낸 때 비로소 존재하게 되었다. [⋯] 교양 있는 인간이 예술적 효과를 포착하는 곳에서 배우지 못한 인간은 감기만 얻어간다."

윌리엄 터너의 풍경화나 '포그fog'를 다룬 시가 나오기 전까지 영국인들은 런던의 안개를 아름답다고 느끼지 못했다. 그들에게 안개는 감기 걸리기 좋은 조건일 뿐이었다고 와일드는 농을 친 것이다. 터너의 그림이 그들의 눈을 열어준 것이나 마찬가지였다. 터너의 붓끝에서 안개는 오직 예술가의 눈만이 밝혀낼 수 있는 색조를 입었고 햇빛이 안개 속으로 잠기듯 통과할 때의 그 어렴풋한 인상이 독특하고 신비롭게 표현되었다.

화가의 주관적 해석 덕분에 진부한 현실을 바라보는 우리의 시선이 바뀌었다. 비로소 우리는 자연에 존재하는 안개의 아름다움을 발견하고 바라보게 되었다. "예술이 자연을 모방하는 게 아니라 자연이 예술을 모방한다." 와일드의 결론이다.

이렇듯 감각은 언제나 개인적이고 집단적인 경험을 통해 만들어진다. 그러나 때때로 과거와 지각의 관계는 더 노골적으로 불거진다. 과거에 의해 만들어진 지각이 불현듯 과거를 송두리째 떠오르게 하고, 그렇게 떠오른 추억은 지각을 물들여 그 깊이를 완전히 바꿔놓기도 한다.

누구에게나 프루스트의 마들렌이 있다

프루스트의 《잃어버린 시간을 찾아서》의 첫 권 《스완네 집 쪽으로》에서 화자는 "마들렌 조각이 녹아든 홍차"를 티스푼으로 떠먹다가 불현듯 먹먹한 기쁨에 사로잡힌다. 대상 없는 기쁨. 단순히 홍차나 거기 녹아든 다과가 그 자체로, 그것이 대상이 되어 그러한 감정을 불러일으킬 수는 없다. 뭔가 다른 것이 작용했다고 프루스트는 감지한다. 그는 의식적으로 기억을 더듬어보다가 어린 시절의 자신과 그때의 추억을 떠올린다. 이 특수한 맛은 어린 시절 콩브레의 추억에서 오는 것이었다.

일요일 미사에 가기 전, 그가 아침 인사를 하러 레오니 아주머니 방에 올라가면 아주머니는 "가리비 껍데기 모양 틀에 넣어 구워낸" 것 같은 이 마들렌을 "홍차나 보리수차"에 담갔다가 주곤 했다. 그러자 과거의 한 자락이 고스란히 재구성되어 의식으로 떠오른다. 레오니 아주머니와의 다정한 오전 한때뿐만 아니라 그 집에서 지내던 어린 시절의 자신과 부모님에 대한 다른 추억들까지 파도처럼 밀려온다. "이제 우리 집 정원과 스완 씨네 정원의 모든 꽃들이, 비본 냇가의 수련들이, 선량한 마을 사람들과 그들의 작은 집들과 성당이, 콩브레와 그 일대 전체가, 마을과 정원이, 그 모든 것이 견고하게 형태를 갖추고 내 찻잔에서 솟아났다."

이처럼 감각의 각성, 특히 어떤 향기나 맛은 레미니상스를 촉발할 수 있다. 하지만 기억하려는 노력도 필요하다. 우리의 추억은 흐릿하거나 기억의 가장자리에 깊이 파묻혀 있을 때가 많다. 우리에게 돌아오는 것은 그때 느꼈던 것과 비슷한 감각과 그에 결부된 감정이다. 감정은 가슴을 벅차게 하지만 스치듯 지나간다. 주의를 기울이지 않으면 금세 사라지고 의미가 빈곤한 현재만 남는다.

홍차를 두 모금, 세 모금 마시자 프루스트를 먹먹하게 했던 강렬한 기쁨은 이내 힘이 스러져, 그 신비로운 현상은 그의 손아귀를 빠져나가는 중이었다. 첫 모금에 집중했기에, 의지적 노력을 했기에, 그는 자신을 사로잡은 내면의 현현을 추적할 수 있었다. 그러나 정신은 말을 잘 듣지 않고 구불구불한 샛길과 막다른 길에 자꾸 들어선다. 그래서 프루스트가 구사한 전략은 긴장을 풀고 느긋하니 딴짓을 하다가 다시 그 현상, 그 특별한 느낌을 마주하고 경로를 추적하는 것이었다. 그러자 점점 길이 열리고 뭔가가 의식으로 떠오르며 형태를 갖추었다. 그것은 살뜰한 내적 시선으로 재구성된 추억이었다. 콩브레에서의 일화와 그 시절에 결부된 기쁨이 고스란히 떠오르기 시작했다.

이렇듯 어떤 특정 감각만으로도 그 감각의 각인과 결부된 옛 감정이 되살아나기에는 충분하다. 그러나 추억의 실체나 그때의 감정과 다시 연결되기 위해서는 의식적 노력과 함께 주의 깊은 추적 작업이 필요하다. 그럼에도 홍차에 담근 마들렌 조각처럼 평범한 사물을 통해 그 옛날의 벅찬 기쁨을 다시 느낄 수 있다면 썩 괜찮지 않은가! 그렇다, 지각에는 "추억이 배어 있다." 이 말을 한 베르그송은 프루스트와 같은 시대를 살았다.

《잃어버린 시간을 찾아서》에 나타난 프루스트의 기획 의도에는 본질적으로 이러한 생각이 깔려 있다. 어떤 감각적 인상은 깊이 파묻혀 있는 옛 추억을 찾아가게 하는 아리아드네의 실과도 같다. '잃어버린 시간'은 이처럼 드러나지 않게, 있는 듯 없는 듯 지각의 언저리에 있다. 지각이 깨우는 것에 정신을 모으면 추억은 차츰 재구성되어 의식의 길을 찾는다. 그래서 프루스트는 이 유명한 마들렌 장면에서 이렇게 쓴다.

"오랫동안 기억의 바깥에 버려졌던 그 추억들은 어떤 것도 살아남지 못했고 전부 붕괴했다. 형태는 〔…〕 폐기되거나 잠들었고, 의식에 다다를 수 있는 확장의 힘을 잃어버렸다. 그러나 오랜 과거로부터 아무것도 남지 않을 때도, 존재의 죽음과 사물의 파괴 후에도, 연약하지만 더욱 생생하고, 비물질적이지만 더욱 집요하고 충실한 냄새와 맛은, 오랫동안 영혼처럼 살아남아 다른 모든 것의 폐허 위에서 회상하고 기다리고 희망하며 거의 만질 수 없는 미세한 물방울 위에서 추억의 거대한 건축물을 꿋꿋이 떠받치고 있다."

"냄새와 맛"이 "추억의 거대한 건축물"을 떠받칠 힘이 있는 게, 그 힘은 과거의 기억과 지각 사이의 긴밀한 관계에서 온다. 프루스트의 마들렌은 감각이 불러일으키는 레미니상스의 대명사가 되었다. 누구에게나 프루스트의 마들렌이 있다. 그것은 과거로 여행을 떠나게 하고 "추억의 거대한 건축물"을 둘러보게 한다. 자동차 가죽시트의 냄새, 어머니가 만들어주곤 했던 요리의 맛, 벽난로에서 장작이 타면서 내는 타닥타닥 소리….

프루스트의 책에는 레미니상스 장면들이 넘쳐난다. 《잃어버린 시간을 찾아서》를 읽다 보면 도처에 널린 것이 '프루스트의 마들렌'이다. 마들렌 장면만큼 유명하진 않지만 내가 보기에 시사하는 바가 더 풍부한 다른 장면이 있다. 프루스트는 여기서 촉각에서 비롯된 과거의 재출현을 묘사한다.

화자는 파리에서 게르망트 대공 저택을 방문한다. 집사는 그에게 잠시 서재에서 기다려달라고 말하고는 프티 푸르(한 입 크기의 과자나 케이크─옮긴이)와 오렌지 음료, 그리고 입을 닦을 냅킨을 내온다. 뻣뻣한 냅킨에 닿은 순간, 그 급작스러운 감각이 레미니상스를 촉발한다. 그 냅킨은 화자가 오래전 발베크에서 썼던 것과 같은 종류였다.

> "나는 하인이 해변으로 난 창문을 이제 막 연다고 생각했고, 그러자 모든 것이 내게 밀물 때의 방파제를 따라 산책하러 내려오라고 초대하는 것 같았다. 내가 입을 닦으려고 잡은 냅킨은 발베크에 처음 도착한 날에 창문 앞에서 그토록 얼굴에 물기를 닦기 힘들었던 그 풀 먹인 뻣뻣한 냅킨과 정확히 같은 종류였으며, 그리하여 이제 그것은 게르망트 저택의 책장 앞에 늘어진 자락과 주름 잡힌 부분으로 나누어져 청록색 바다의 깃털을 공작의 꼬리처럼 펼치고 있었다. 그리고 나는 바다의 빛깔만이 아니라 그 빛깔을 불러일으킨, 그것을 향한 갈망이었던 삶의 순간 전부를 음미했다."

프루스트가 전하는 이 장면은 신경과학자들이 말하는 '점화^{amorçage}'와 정확히 일치한다. 지각의 흐름 속 정확히 어느 한 지점이 과거의 회귀를 부른다. 우리는 《잃어버린 시간을 찾아서》를 탐독하면서 모든 감각이 레미니상스를 촉발하고 점화 현상의 문을 열기에 적합하다는 사실을 발견한다. 마들렌의 맛이든, 테이블 냅킨의 감촉이든, 그 밖의 청각, 시각, 후각이든. 최근의 연구들은 프루스트의 직관을 확인해주었다.[3] 특히 후각은 다른 감각들보다 레미니상스를 잘 일으킨다. 과거는 마치 우리가 막을 열어젖히기만 기다리고 있는 것 같다. 이미지와 소리, 촉감과 맛과 냄새는 과거를 깨우고 이 회귀 현상을 점화할 수 있다.

프루스트의 이 모든 경이로운 묘사가 가르쳐주는 한 가지, 그것은 과거의 베일을 벗기고 감미로운 레미니상스의 기쁨을 만끽하기 위해 열려 있어야 한다는 것이다.

지금 이 순간에 나를 맡기고 현재에 온전히 임하면 내게 떠오르는 것을 수용하고 과거와 통하는 문을 열 수 있다. 스마트폰 알림이나 일상의 소소한 근심에 매여 현재에 임하지 못하고 산만해져 있으면 지각의 흐름이 원활할 수 없고 행복한 추억으로 데려다줄 '점화' 상황을 놓치기 십상이다. 언제나 앞일을 생각하기 바빠 불안한 우리는 과거의 회귀에서 활력과 기분 좋은 자극을 얻기가 힘들다. 요컨대, 우리는 현재에도 과거에도 충실하지 못하다. 그에 따라 우리네 삶은 시들어가고 빈곤해진다.

◇

지금 이 순간에 나를 맡기고
현재에 온전히 임하면
내게 떠오르는 것을 수용하고
과거와 통하는 문을 열 수 있다.

지금 이 순간에
열려 있어야 하는 이유

현재에는 우리의 역사가 풍부하게 지나가고 "배어 있다." 그 모든 면면을 음미하려면 현재의 순간에 열려 있어야 한다. 이 표현의 의미를 보다 명확히 짚고 넘어가자. '현재밖에 존재하지 않는다'는 생각으로 지금 존재하는 것에 '초점'을 맞추라는 뜻이 아니다. 《잃어버린 시간을 찾아서》의 화자처럼 과거를 돌아오게 하는 것에 열려 있으라는 뜻이다. 화자는 마들렌 부스러기가 녹아든 홍차를 떠먹으면서도, 뻣뻣한 천으로 입가를 훔치면서도 현재의 순간이 자기를 데려갈 수 있도록 내버려두었다. 바로 그러한 이유로 그에게 과거가 돌아왔고 더불어 그의 진실, 그의 역사, 프루스트의 표현을 그대로 빌리자면 그의 "진짜 삶"도 돌아왔다.

현재의 지각은 무엇보다 탈중심적 경험이기 때문에 자기 회귀를 불러올 수 있다. 홍차의 맛, 냅킨 조직의 촉감, 터너의 풍경화나 런던 하늘의 아름다움을 감각적으로 체험할 때 우리는 우리 자신에게서 벗어난다. 이때 우리의 자기중심성이 잠시 무너진다. 나 아닌 다른 것, 외부 세계의 감각을 받아들이면서 에고로부터 잠시 시선을 돌린다. 지각이 우리 자신에 대해서 말하기 시작하는 것은 그다음 단계인 반성적 단계의 일이다. '이 홍차를 어렸을 때도 마셨지', '이 바다에서 헤엄을 쳤었지', '이 풍경을 홀린 듯 바라보았지'

와 같은 생각 말이다. 마치 우리는 더 잘 돌아오기 위해 자기로부터 잠시 멀어지는 것 같다. 세상의 아름다움을 민감하게 느낄 때마다, 하늘의 색, 작가의 문체, 요리의 맛, 포도주의 힘을 예리하게 포착할 때마다 우리는 탈중심적 경험을 한다. 외부의 현실이 우리를 불러 세우고 갑자기 우리 자신보다 더 흥미를 끄는데, 역설적으로 그 다음에는 나에게 더 잘 돌아와 나의 취향, 나의 역사를 또렷이 의식하게 된다.

두 가지 예로 살펴본 프루스트의 레미니상스는 사실 화자에게 감미로운 기쁨이나 아득한 행복감만 불러일으킨 게 아니었다. 깊이 묻혀 있던 과거의 조각들을 밝혀주었고 그로써 그 자신의 본질, 그의 정체성에 대해서도 누설하는 바가 있었다.

이 풍요로운 탈중심적 경험들은 우리를 '열어놓자'는 아름다운 초대이기도 하다. 우리를 감각에 대하여, 지각에 대하여, 세계에 대하여 열어놓자. 타자에게로 향하는 움직임을 통하여 과거가 돌아올 수 있도록 문을 열자. 과거는 우리에 대해서 해줄 말이 아주 많다.

4

과거는 정체성의 기반이다

데이비드 린치의 걸작 〈멀홀랜드 드라이브〉의 첫 장면에서 주인공 리타(로라 해링 분)는 한밤중의 교통사고 직후 쇼크 상태로 할리우드의 언덕을 헤매고 다닌다. 그녀는 시내로 내려와 낯선 세계를 멍하니 비틀거리며 돌아다닌다. 외상 후 기억장애로 자기가 누구인지도 모르고 주변 세계에 대한 지각조차 불확실하다. 마치 의미기억 자체가 손상을 입은 것처럼 보인다.

　　어디로 가야 할지 모른 채 겁에 질린 리타는 어느 집에 몰래 숨는다. 그곳에서 리타는 베티(나오미 왓츠 분)를 만난다. "난 이제 내가 누구인지도 모르겠어요." 리타는 울면서 고백한다. 베티가 이름을 물었을 때 그녀는 잠시 현기증을 일으킨다. 벽에 붙은 영화 포스터에서 이름 하나를 발견한다. 리타. 그래서 그녀는 리타가 되었다.

　　리타는 일화기억을 잃었기 때문에 (절차기억은 손상되지 않아서 일상생활을 하는 데는 문제가 없다) 정체성의 지표가 될 만한 게 없고 자기 자신에 대해 아무것도 모른다. 린치는 이 장면에서 우리가 충분히 생각하지 않는 진실을 멋지게 영상화한다. 우리가 누구인지 말해주는 것은 우리의 추억이다. 나는 부모님의 얼굴, 목소리, 체취, 나와 함께 보낸 시간을 기억하기 때문에 부모님이 누구인지 안다. 나는 그이와 함께했던 일화들, 가령 우리의 첫 만남, 처음으로 "사랑해"라고 고백했던 순간을 기억하기 때문에 내가 그 사람을 사랑한다는 것을 안다. 하지만 이 모든 기억이 사라진다면? 내가 누구인지 어떻게 알 수 있을까? 기억을 잃는다는 것은 정체성을 잃는 것과 다름 없다.

기억을 잊은 '나'가
진짜 '나'일까?

신경심리학자 프랑시스 외스타슈는 알츠하이머병 전문가로서 인간의 기억과 기억장애 연구에 처음으로 뇌 영상 촬영기법을 동원한 인물 중 하나다. 그는 여러 사례, 특히 중증 알츠하이머 환자인 83세의 여성 P. H.의 사례¹를 통하여 기억상실이 정체성 장애로 이어지는 방식을 보여주었다. 정체성 장애는 자기정체감의 완전한 상실이 아니라 전반적 기억상실 속에 자기정체감의 파편들이 부분적으로 끈질기게 남아 있는 상태다.

✧

우리의 첫 만남, 처음으로 "사랑해"라고
고백했던 순간을 기억하기 때문에
내가 그 사람을 사랑한다는 것을 안다.
하지만 이 모든 기억이 사라진다면?
내가 누구인지 어떻게 알 수 있을까?

예를 들어 P. H.는 어릴 적 찍은 자기 사진은 알아볼 수 있었지만 성인이 되어 찍은 사진은 알아보지 못했다. 그녀는 그 사진들을 보고 자신을 친척 중 한 명으로 착각하거나 모르는 사람이라고 말했다. 이 팔십 대 여성은 생애 초반의 일화기억만 간직하고 있었고 아마도 그 때문에 일말의 자기정체감이 흔적이나마 남아 있는 듯했다. 정체성은 자신으로서 존재하는 이 기분의 연속성을 전제로 하고, 제대로 작동하는 일화기억만이 그러한 기분을 느끼게 할 수 있다.

알츠하이머병을 앓는 환자는 여전히 그 자신인가? 물론 신체적으로는 당연히 그 자신이다. 나의 아버지는 알츠하이머 환자이지만 여전히 내 아버지다. 그의 행정서류상 정체성은 그대로다. 성과 이름도 그대로, 가정 내 위치도 그대로다. 그는 여전히 남편, 아버지, 할아버지, 삼촌이다.

하지만 정체성을 인생의 사건들을 거치면서 자기동일성을 의식하는 것이라고 정의한다면 이야기가 좀 달라진다. 자식들 이름도 기억 못 하고 자기가 어느 나라에서 나고 자랐는지도 모르는 아버지, 자신이 종사했던 직업이나 오랫동안 함께했던 친구도 기억 못 하는 아버지는 여전히 그 자신인가? 자기에게 중요한 게 무엇인지도 기억 못 하는데 여전히 자기 자신이라고 할 수 있나?

절차기억은 일화기억만큼 알츠하이머병에 취약하지 않아서 잔디를 깎거나 오소부코(송아지 뒷다리 정강이 부위를 백포도주로 푹 고

아낸 찜 요리—옮긴이)를 만드는 능력은 제법 오래간다. 그러나 일화기억 상실은 주체의 정체성 자체가 손상되었다는 인상을 준다. 그들은 때때로 완전히 딴사람 같고 자기 자신도 못 알아볼뿐더러 실제로 자기가 누구인지 모른다. 이따금, 아주 잠깐 제정신과 기억이 용솟음치듯 돌아오는 것 같다가—이게 가장 심란한 일인데—다시 혼란스럽게 기억상실에 빠져든다. 가족들은 잠깐이나마 발병 이전의 그 사람이 돌아왔다고 생각했다가 한층 더 절망하고 만다.

살면서 느꼈던 커다란 기쁨, 쓰라린 고통, 결정적 순간에 내렸던 의사결정, 했어야 했는데 용기가 없어서 못 한 일을 모조리 잊는다고 상상해보라. 첫사랑의 떨림, 최초의 성애적 감정, 강렬했던 심미적 쾌락이나 정신적 만족, 더 일반적으로는 그동안 걸어온 삶의 주요 단계를 싹 다 잊어버린다면? 정체성, 즉 자기 자신에 대한 의식에서 무엇이 남을까?

그러한 일화들의 추억이 지금의 우리를 만든 길에 대한 기억이다. 그 추억들 전체를 통하여 자기를 의식할 때 자신의 반응과 감정을 더 잘 이해할 수 있다. 그 추억들이 가려져 있다면 우리의 반사적 행동이나 우리를 짓누르는 감정을 분석할 수 없을 것이다. 이때 우리가 겪는 결여가 정체성 장애, 내가 나에게서 벗어나는 느낌, 나 자신이 낯설고 알 수 없는 기분을 일으킬 수 있다.

나는 기억한다,
고로 나는 존재한다

개인의 정체성은 철학의 가장 흥미롭고 복잡한 문제 중 하나다. 무엇이 나를 다른 모든 이와 구분되는 유일무이한 개인으로 정의하는가? 무엇이 내게 영속적으로 남아서 내 정체성의 토대를 이루는가? 신체는 아니다. 우리 몸의 세포는 7년 주기로 교체되므로 완전히 새로운 몸으로 '재생'되는 셈이다. 그래도 우리는 여전히 우리 자신이다. 적어도 스스로 그렇게 느끼고 확신한다.

우리는 플루타르코스가 《영웅전》에서 언급했던 테세우스의 배와도 같다. 그리스 영웅들의 파란만장한 모험이 이어지는 동안, 테세우스의 배는 부품이 망가질 때마다 교체를 해서 결국 초기 부품은 하나도 남지 않는다. 원래 부품은 전부 없어졌어도 배는 여전히 있는데… 이게 과연 처음의 그 배와 같은 배일까? 이 배의 동일성은 어디에 근거하는가? 모종의 관념? 구상을 선도하는 원리? 그렇다면 우리의 동일성은 어떠한가?

이것은 워낙 까다로운 문제였기에 그리스도교인들은 개인의 정체성의 영속을 신에게 맡겼다. 육체적 죽음 이후에도 영원히 사는 '영혼'이야말로 그 정체성의 근거였다. 데카르트는 심지어 '연속 창조création continuée'라는 관념을 발전시키기에 이르렀다. 신이 세계를 연속적으로 창조하듯 우리도 창조하기에 우리는 늘 우리 자신이다. 그래서 우리가 잠들거나 의식을 잃더라도 신이 우리의 정체성을 보장한다. 그러나 우리에게 신앙이 없다면, 신이나 영혼의 존재를 믿지 않는다면, 무엇이 우리 자아의 영속을 보장할까? 데이비드 흄처럼 자아는 허상일 뿐이고 개인의 정체성은 허구라고 추론해야 할까?

흄은 《인간 본성에 관한 논고》에서 이 성가신 문제를 건드린다. "우리가 '자아'라고 부르는 것을 언제나 내밀하게 의식한다고 생각하는 철학자들도 있다. 〔…〕 나로서는 자아라고 하는 것을 더없이 내밀하게 들여다볼 때, 더위나 추위, 빛이나 어둠, 사랑이나 미움, 고통이나 쾌락 같은 특정한 지각에 늘 부딪힐 뿐이고 어떤 순간에도 지각 없이 자아는 결코 포착되지 않는다. 지각 외에는 그 무엇도 내 안에서 관찰되지 않는다."

흄은 우리가 자아의 정체성을 이해할 수 있는 척하면서 우리 자신을 속이고 있다고 보았다. "자아라고 하는 것을 더없이 내밀하게" 들여다본들 소용없다. 정직한 자기 성찰은 실패의 고백으로 이어질 수밖에 없다. 우리는 '자아'가 아니라 감각적 자아의 모습만 제공하는 특정한 인상들만을 만난다. 안정적이고 통일된 자아가 존재한다는 증거는 아무 데도 없다. 물론 우리는 거울에 비친 자기 모습을 보고, 손으로 자기 몸을 만지고, 추위나 더위를 느낀다. 그러나 흄 같은 경험론자에게 그러한 지각들은 모두 일시적 인상들일 뿐, 결코 '정체성'의 토대가 되지 못한다. 우리 안에서 어떤 영속성의 표시는 보이지 않는다. 이러한 흄의 입장은 급진적이다. 그의 논증은 확실히 힘이 있지만 다소 악의가 보인다. 그는 사실 감각의 지각만을 다루고 또 다른 영국 철학자 존 로크의 주장을 성급히 일축한다. 흄이 태어나기 몇 년 전에 사망한 로크는 우리의 정체성이 기억에 있다고 했다.

흄의 주장을 다시 살펴보자. "자아라고 하는 것을 더없이 내밀하게" 살펴보면 오로지 지각과 현재의 감각만 만나는가? 아니, 그렇지 않다. 추억도 만난다. 로크에 따르면 우리가 우리 자신이라는 것을 말해주는 것은 추억이다. 추억은 우리의 자의식과 우리의 모든 지각 사이의 연속성을 정초한다. 나는 과거를 기억하고 있으므로 내가 다른 사람이 아니라 '나'라는 것을 안다. 그 개인사는 오직 내가 살아낸 것이다. 과거에 대한 의식이 곧 자의식이다.

로크는 우리가 백지와 같은 상태로 태어난다고 보았다. 지각들이 그 백지에 새겨져 정체감을 형성하는 것이다. 로크의 주장은 당시로서는 혁명적이었다. 17세기에 교회와 철학적 전통에 맞서서 우리가 우리 자신이기 위해서는 기억만 있으면 된다고, 신은 필요하지 않다고 주장한 게 아닌가.

로크는 '왕자와 구두 수선공'이라는 사고실험을 제안하면서 쐐기를 박는다. 왕자의 몸에 구두 수선공의 기억이 깃든다면 그는 왕자인가? 아니면 구두 수선공인가? 로크는 일말의 주저 없이 답한다. 왕자의 모든 기억이 구두 수선공의 과거의 기억이라면 그는 구두 수선공이 맞다. 로크는 이처럼 기억과 정체성이 밀접하게 연결되어 있다고 보았다.

추억이 객관적 데이터나 뇌에 새겨진 이미지일 뿐이라면 정체성에 영향을 주지 않고 그냥 접붙여지는 것처럼 생각할 수도 있을 것이다. 하지만 살펴보았듯 기억은 뇌에 깊이 영향을 미치고 구조 자체를 바꾸어놓는다. 추억은 이렇게 물리적으로 우리의 일부를 이루고 지금의 우리가 되도록 이끌었다.

어릴 적 나는 사랑에 죽고 사는 아이였지만 수줍음을 많이 탔다. 나는 여자애들에게 편지를 수십 통이나 썼어도 차마 부치진 못했다. 절절한 연서는 내처 침대 밑에 숨겨져 있었다. 내가 그 이상주의적인 소년을 희미하게나마 기억하지 못한다면 오늘날 나의 연애나 여자관계를 어떻게 이해하겠는가? 나는 절대적 사랑을 꿈꾸었기에 현실보다 꿈을 더 우선시하기에 이르렀다.

청소년기에는 여름 캠프에 갔다가 단체생활의 쓴맛을 봤다. 유쾌한 기억은 아니었지만 그 기억이 없다면 집단에 대한 나의 반감을 어떻게 이해하겠는가? 사람들이 원초적으로 소속감을 과시할 때마다 몸서리나는 이 반응을 어떻게 이해하겠는가?

청년이 되어서는 인도에서 신비 체험을 했다. 우다이푸르 호수에 비친 하늘과 태양을 하염없이 바라보고 있었는데 불현듯 만물의 영원성이 나를 관통하는 것을 느꼈다. 그 기억이 없다면 몇 년

후에 바랑주빌의 작은 교회에서 조르주 브라크가 디자인한 스테인드글라스를 투과하는 햇살을 보면서 느낀 충격을 어떻게 이해하겠는가?

사랑에 목매지만 낯을 심하게 가리는 사내아이, 단체 안에서 자기 자리를 찾지 못하는 소년, 풀문 파티 다음 날 창을 열고 우다이푸르 호수를 바라보던 여행자, 바랑주빌 교회의 스테인드글라스를 넋 놓고 바라보던 사내… 그들은 다 동일인이 아닌가? 추억들이 이 영속성을 밝히 보여주고, 흐르는 세월과 변해버린 모든 것이 무색하게도 지속적인 정체감을 느끼게 한다. 확실히 뭔가가 그대로 남긴 했다. 그런데 그게 '자아'가 맞을까?

추억은
이산 집합이다

추억은 단순히 우리의 행동, 반응, 감정을 밝혀주는 인생 여정의 수집 창고가 아니다. 그 모든 일을 겪은 사람이 기억하고 있는 사람과 '동일하다'는 믿음의 근거요, 영속적인 정체성을 의식하게 하는 근거다. 리오넬 나카슈는 《드러내지 않음을 옹호함*Apologie de la discrétion*》에서 의식의 작동 방식과 정체감이 생겨나는 방식을 이해하는 데 도움이 되는 수학적 개념을 동원한다.[2]

수학에서 '이산 집합'과 '연속 집합'은 구분된다. 이산 집합은 서로 떨어져 있는 원소들로 이루어져 있다. 가령 1-2-3-4-5-6⋯이라는 수열은 하나의 이산 집합을 구성한다. 반면, 직선을 이루는 점들은 떨어져 있지 않고 하나의 연속성에 녹아들어 있으므로 연속 집합이다. 나카슈는 우리가 경험한 사건들, 그에 대한 기억들이 '이산 집합'에 새겨진다고 설명한다. 이 사건들, 이 추억들은 불연속적이다. 그 하나하나가 이루는 일화들이 반드시 연결되지는 않는다. 하지만 의식의 작업으로 이 이산 집합 속에 흩어져 있는 원소들을 연결할 수는 있다. 불연속적인 것들 사이의 연속성을 만드는 것이 우리의 의식이므로.

알츠하이머 환자들에게는 이런 연결, 혹은 통합은 불가능하거나 적어도 불완전하다. 추억들이 없다면 통합하고 말고 할 것도 없다. 추억들이 아무리 마구잡이로 널려 있더라도 일단 기억을 해야만 의식이 그것들을 연결하고 그 모든 사건의 주체인 자아를 정초할 수 있다. 따라서 기억은 정체성의 전제 조건이다. 이는 개인적 정체성이나 국민적 정체성이나 마찬가지다. 조국 역사의 주요 사건을 기억하고 그 모든 일화의 공통적 요소를, 불연속적인 사건들 사이의 연속성을 가정하지 않는다면 '내 나라' 프랑스라든가 프랑스인으로서의 정체성을 말할 수 없을 것이다.

나카슈는 전작 《내면의 영화 *Le Cinéma intérieur*》에서 의식의 작업을 영화에 비유한다.[3] 영화를 볼 때 우리는 이미지가 움직인다고 생각하지만 실상은 (1초당 24장의 속도로) 정지된 이미지들의 연속을 보는 것이다. 그 이미지들은 이산 집합을 이루며 불연속적이다. 그렇지만 우리는 분명히 한 편의 영화를 본다. 이미지들의 연속성을 책임지고 매끄러운 움직임으로 통합하는 것은 우리의 의식이다. 의식은 컴컴한 영화관이 아니어도 얼마든지 이 기능을 다 한다고, 그것이 의식의 정상적 양상이라고 나카슈는 설명한다.

추억의 영화에도 의식은 마찬가지로 작용한다. 비록 그 추억들이 이산 집합 속에 고립된 원소들 같을지라도 의식은 그것들을 정체감으로 묶어낸다. 의식은 불연속 속에 연속을 수립하면서 정체성을 만들어낸다. 역사학자들도 국가의 역사에 대해서 동일한 작업을 수행한다. 불연속적인 사건들 속에 연속성을 만들어내어 한 나라의 영화를, 국민적 이야기를, 집단 정체성을 구성한다. 우리는 종종 이 일화들이 서로 잘 어울리지 않아도 이해한다. 불연속 속에 수립한 연속성이 객관적으로 읽힐 수는 없기 때문이다. 이 연속성은 확인된 사실보다는 제안에 더 가깝다.

열서너 살 때 세르주 갱스부르의 〈마릴루 변주곡Variations sur Marilou〉을 처음 들었던 기억이 난다. 그 시정, 담대함, 관능미에 나는 완전히 매료되었다. 그 노래가 내게는 중요했고 인생의 중요한 단계마다 함께했다. 30년이 지난 지금, 그 곡을 들으면 내 모든 과거가 풍부하게 밀려온다. 흘러간 세월이 다 그 노래에 들어 있는 것 같다. 돌아오지 않을 시간들, 인생에서 변했거나 사라져버린 모든 것이 새록새록 실감 난다. 하지만 남아 있는 것을 기억의 힘으로, 강렬한 추억으로 파악한다. 〈마릴루 변주곡〉을 수백 번 돌려 듣던 그 소년은 바로 나다.

　　여기서 느끼는 연속성은 인생을 함께한 특정한 노래와 연결되어 있다. 그러나 열광적 호기심을 바탕에 깐 절충주의로, 인생의 사운드트랙에 매혹적인 노래들을—바르바라, 제리 리 루이스, 커트 코베인, 로랑 가르니에, 에릭 사티, 크리스토프, 라디오헤드, 쇼팽, 니나 시몬, 그리고 좀 더 최근에는 더 스트록스, 폼, 뱅자맹 비올레까지—계속 추가한 사람은 나 자신이다.

　　과거를 돌아보면서 시간순으로 이미지들을 떠올리는 경우는 드물다. 페늘롱 고등학교에 부임한 젊은 철학 교사, 부르고뉴의 정원에서 여동생과 같이 놀던 아이, 시각장애가 있는 선생님을 만나 문학의 세계를 발견한 고교생, 인도나 칠레나 아일랜드의 여행자, 경영대학원생. 떠올리는 이미지들은 순차적이지 않다. 첫아이의 탄생을 기다리던 젊은 아빠, 처음으로 레이브 파티를 경험한 야행성 인간, 바뉴의 유대인 묘지에서 할머니 장례를 치른 손자, 세 아이를 둔 50세의 남자… 이것들은 산발적 국면들, 툭툭 끊어지는 시공간들로 느껴진다. 그렇지만 희한하게도 이 다양한 일화들은 하나의 이산 집합에 포함되는 것 같다. 그와 동시에, 프루스트가 환기한 "진정한 나"의 존재 역시 느낄 수 있다. 이건 분명히 내가 살아온 내 인생이 아닌가.

✧

과거를 돌아보면서 떠올리는 이미지들은 순차적이지 않다.
그렇지만 이 다양한 일화들은
하나의 이산 집합에 포함되는 것 같다. 동시에,
프루스트가 환기한 "진정한 나"의 존재 역시 느낄 수 있다.
이건 분명히 내가 살아온 내 인생이 아닌가.

나는 나의 진실, 나의 정체성의 어떤 부분과 닿아 있다. 심지어 무신론자임에도 불구하고 '영혼'이라는 관념을 납득한다. 여기서 드러나는 정체성은 자명하면서도 신비로워서 순전히 물질적인 것으로 환원할 수 없다. 베르그송의 정신주의가 좀 더 와닿는 지점이다. 그는 《물질과 기억》에서 습관기억(요즘 식으로 말하면 절차기억에 해당한다)이 뇌를 구성하는 물질에 새겨져 있지만, 우리의 인성에 더 본질적인 추억기억(요즘 식으로 일화기억에 해당한다)은 물질이 아니라 '정신'의 소관이라고 말한다. 추억은 뇌에 축적된 이미지가 아니기 때문에 기억의 물질적 흔적만으로는 기억의 풍부함과 끈질김을 설명할 수 없다. 이에 베르그송은 기억을 '정신'의 증거로 보는 것이 논리적이라고 판단했다.

그의 주장 중 일부는 지나친 감이 있다. 어떤 기억은 뇌를 구성하는 물질에 있고 다른 기억은 정신에 있다고 완전히 분리시킨 이원론 역시 더는 통하지 않는다. 지금은 모든 기억이 뉴런 프로세스에 달려 있되 완전히 그 프로세스로 소급되지만은 않는다는 사실을 안다. 그래도 베르그송의 직관은 본질적으로 옳았다. 기억은 물질성으로만 환원되지 않는다. **다른 뭔가**가 있다.

미래도 죽음도 두렵지 않은
영원한 자아

《잃어버린 시간을 찾아서》에서 프루스트가 그토록 우리의 마음을 휘저어놓을 수 있었던 이유는 그가 본질적인 것을, 바로 그 **다른 뭔가**를 건드렸기 때문이다. 화자의 마음을 넘치는 기쁨으로 채웠던 레미니상스는 심오한 진실을 드러낸다.

마들렌을 홍차에 적셔 먹다가 어린 시절의 추억을 떠올린 화자는 만물과 마찬가지로 시간의 흐름에 종속되어 있지만 쾌락과 고통, 황홀과 실의의 세월을 보내는 동안에도 자신에게 뭔가는 남아 있다는 것을 실감한다. 프루스트는 그것을 "진정한 나"라고 부른다. 진정한 나는 피상적이고 쉬이 변하는 "사회적 나"가 아니며 행정서류상의 나는 더욱더 아니다. 프루스트의 "진정한 나"는 신비주의적인 면이 있다. 이것은 심원한 불변의 자아, 심지어 영생의 가능성을 나타내는 듯 보이기도 하는 나의 본질이다. 사실 이 자아가 시간을 버텨낸다면 영원하지 못할 이유도 없지 않을까?

"시간의 질서에서 벗어난 1분은 우리 안에 그것을 느낄 수 있는, 시간의 질서에서 해방된 인간을 재창조한다. 우리는 그가 기쁨을 믿는다는 것과—비록 마들렌의 맛만이 그 기쁨의 이유일 리는 없지만—'죽음'이라는 단어가 그에게 의미 없음을 이해한다. 시간의 바깥에 있는 자가 미래의 무엇을 두려워한단 말인가?" 프루스트의 말이다.

우리는 '잃어버린 시간'에서 변화, 노화, 불가피한 죽음으로의 전진만을 볼 때가 많다. 프루스트는 거기에서 영원을 보는 법을 가르쳐준다. 잃어버린 시간 속에 영원의 약속들이 있다. 그래서 《잃어버린 시간을 찾아서》를 읽다 보면 우리의 과거, 세월의 흐름, 인생 자체를 새로운 눈으로 바라보게 된다.

이 힘 있는 책은 우리를 묘한 희망의 문턱으로 데려온다. 내가 시간의 바깥에 존재하지 않는다면 어떻게 흐르는 세월을 뛰어넘어 지속되는 자아를 느낄 수 있단 말인가?

프루스트의 역설은 그래서 아름답다. 그 영원의 약속에 닿으려면 이제는 지나버린, 이미 끝나버린 일화들을 기억해야 한다. 그 일화들이야말로 시간을 벗어날 수 있는 정체성이 존재한다고 알려주는 단서와 같다.

프루스트가 말하는 이 기쁨은 우리의 자아가 허상이 아니라는 확신에 있다. 기억을 중개로 삼는 이 자아는 어찌나 생생한지 어쩌면 영원할 것만 같다. 프루스트적 회상의 주체를 불현듯 "시간의 질서에서" 해방하고 미래도 죽음도 두렵지 않게 하는 것은 바로 이 확신이다.

5

과거를 외면할 때 벌어지는 일들

"날 떠나지 마 / 잊어야 해 / 모든 것은 잊힐 수 있어." 자크 브렐은 프랑스 가요 중에서 가장 비통한 노래[1]에서 약속한다. 모든 것은 잊힐 수 있다고. 과거도, 실패도, 상처도 잊힐 수 있다고. 브렐의 약속은 간절한 애원을 대신한다. "날 떠나지 마." 날 떠나지 마, 우리의 실수를 지울 힘을 되찾을 수 있도록. "심장이 두 번 불타오르는" 저 연인들처럼 우리도 사랑으로 다시 태어날 수 있도록. 브렐은 이따금 과거에서 도망치고 싶은 우리의 욕망을, 과거를 폐기하고 또 다른 미래의 문을 열어줄 '리셋' 버튼의 꿈을 노래한다.

때때로 과거는 우리를 상처 입히고, 무거운 짐짝처럼 짓누른다. 우리의 실패, 부족함, 부끄러움, 감내해야 했던 폭력을 돌아보게 만든다. 어째서 과거를 놓고 가지 못하나? 우리를 몰아세우는 고통을, 우리의 발목을 잡는 잔재들을 어째서 떨쳐내지 못하나? 미래는 약속을 품고 있지 않은가? 새로운 모험이 우리에게 두 팔을

벌리고 있지 않은가? 기억이 우리의 정체성을 정초한다지만 최악의 일화들까지 생생하게 보존할 필요가 있을까? 과거를 내버리고 홀가분하게 앞으로 나아가는 것이 우리의 자유가 아닌가.

'과거를 곱씹지 말자'는 상식

대중의 상식이 여기서 드러난다. 과거를 더 이상 곱씹지 말자. "과거에 속한" 오래된 이야기들을 다시 생각하지 말자. 가정불화, 실연 혹은 이별, 직장에서 느낀 환멸, 사회적 모욕… 살다 보면 힘들 때가 많고 잘 아물지 않는 상처가 남기도 한다. 그러니 과거를 무시하고 미래를 바라보아야 할 것 같다. 오랜 회한을 곱씹기보다는 새로운 프로젝트에 집중해야 할 것 같다. 과거를 뒤로하고 전진하는 자들의 진영과 과거에 매여 새로 시작하지 못하는 자들의 진영 사이에서 선택은 쉬워 보인다. 웬만하면 과거의 상처를 외면할 힘을 낸 사람들 편에 붙고 싶다.

어떤 사람들은 어린 시절 부모 노릇을 제대로 못한 부모 때문에 평생이 괴롭다. 그들은 늘 시큰둥하거나 냉랭하게 반응했던 어머니, 때로는 잔인하기까지 했던 어머니를 정말로 잊지는 못했지만 그래도 거기에 매여 살지는 않는다. 이미 수십 년 전의 일이고 그 시절은 끝났다. 어머니라고 해서 완벽할 수 있겠는가. 그 자신도 골치 아픈 가정사, 힘들었던 과거의 무게를 지고 있었으니…. 그러니 상처를 다시 후벼 파는 게 무슨 소용 있을까? 가까운 사람을 비난하고 원망해서 어쩌자고? 차라리 과거는 줄을 좍좍 그어버리고 부모가 살아 있는 동안 예전에 못 맺은 관계를 잘 맺어보기 위해 애쓰는 편이 낫지 않나. 이제 어머니도 예전보다 말이 통하고 가끔 함께하는 시간도 나쁘지 않다. 자식에게는 부족하기만 한 어머니였지만, 손자들에게만큼은 사랑받는 할머니가 되었으니 기대해볼 만하다. 과거의 일을 부정하지 않되 그들은 "다른 일로 넘어갔다." 그들은 본받을 만한 삶을 보여주는 것 같다. 스토아 철학자와도 같은 지혜로 "우리에게 달려 있는 것과 우리에게 달려 있지 않은 것"을 구별하지 않았는가. 어차피 바꿀 수 없는 과거를 곱씹기보다는 바꿀 수 있는 현재에 집중하기로 한 것이다.

또 어떤 이들은 죽기 살기로 노력하여 불우한 환경에서 빠져나왔다. 그들은 사회적인 성공을 쟁취하고서 자신을 과거에 붙잡아놓을 수 있는 모든 것과 결별하고 단호하게 지난날을 외면했다. 옛 친구들의 연락을 차단하고 가족과도 연을 끊었다. 어차피 이제 서로 갈 길이 다른 사람들이다. 새로 얻은 사회적 위상에 자부심을 느끼고, 이미 닫은 과거의 장과는 거리를 둔다.

이를테면 어릴 적 살았던 동네처럼 추억이 서려 있는 곳에는 절대로 돌아가지 않는다. 디디에 에리봉은 《랭스로 되돌아가다》에서 자신이 예전의 삶과 거리가 먼 새로운 삶을 창조하며 자신의

길을 닦아왔다고 말한다. 노동자 계급의 삶, 인종차별적이고 동성
애혐오적인 편견에 찌든 폭력적인 아버지에게서 멀리 떠나왔다고.
대학과 학문이라는 신세계의 정복에 뛰어들었다고. 그런 식으로 과
거와 절연된 자신의 행복을 구축했고 조카들을 한번 보고 싶다는
생각조차 하지 않았다고.

다른 어떤 이들은 힘든 시련을 겪었지만 과거에 꺾이지 않고
다시 일어섰다. 부모에게 버림받은 아이들이 외려 씩씩하고 자신감
넘치는 어른으로 성장하기도 한다. 그들은 생물학적 부모가 누구
인지 모르지만 굳이 법적 가능성을 동원해 알아내려고 하지도 않
는다.[2] 성적으로 유린당한 여성들이 피해자로 규정당하거나 트라
우마에 사로잡히기를 거부하기도 한다. 이 여성들은 트라우마를
남기는 기억에 저항하듯 자기회복에 힘을 쏟고 가까운 사람들 곁
에서 누리는 현재의 행복에 집중한다. 과거를 곱씹기보다는 삶이
선사한 사랑을 통해 자기를 실현하고 앞으로 만들어가야 할 미래
에 자신을 투사하는 것이다.

데이비드 보위는 새 앨범을 내놓을 때마다 끊임없이 재발견
되는 놀라운 창의성을 보여주었다. 그가 예술가로서 장수한 비결
이 여기에 있다. '메이저 톰Major Tom'이든 '지기 스타더스트Ziggy Stardust'
이든 간에, 보위는 끊임없이 변신하는 혁신 그 자체였고 영화, 연극,
패션, 마임 등 다른 예술 장르에 대한 호기심으로 자신의 음악 세계

를 더욱 풍부하게 일구었다. 이런 예술적 경지 이면에 그가 런던 교외에서 불우한 어린 시절을 보냈다는 사실은 잘 알려져 있지 않다. 냉정한 어머니, 무심한 아버지, 열 살이나 많은 이복형 테리 옆에서 그는 외롭게 자랐다. 그를 음악에 입문시킨 형 테리는 조현병 환자였는데 결국 자살로 생을 마감했다. 이모 두 명도 정신병에 시달리다가 스스로 목숨을 끊었다. 어린 시절의 보위는 슬럼가의 현실보다 화성의 생명체, 마르셀 마르소의 표현주의 마임, 벨벳언더그라운드의 발라드에 사로잡혀 있었다.

그는 인터뷰에서 어린 시절을 짧게 떠올리면서 정확히 여덟 살 때의 추억을 털어놓는다. 어린 보위는 주위 환경을 관찰하다가 놀라운 계시를 받듯 예감한다. 권태와 회한에 찌든 서민들의 비루한 삶, 그는 그렇게 살지 않을 터였다. 그는 이미 다른 세상에 가 있었다. 일찌감치 자기를 기다리는 운명을 깨달았다. 보위는 뒤를 돌아보는 사람이 아니었다. 30장이나 되는 앨범 가운데 어머니나 아무렇게나 방치된 어린 시절의 자기 자신, 청소년기의 고독, 병적인 수줍음에 대한 곡은 하나도 없다. 여느 예술가라면 그러한 과거의 개인사를 작품의 중심에 둠으로써 창작열과 카타르시스를 동시에 꾀했을 텐데 말이다.

보위는 현재를 살며 미래에 끌리는 자였다. 삶과 음악을 온전히 실험하고자 하는 욕망의 부름에 강렬히 이끌렸다. 옛날 일을 되새길 시간은 없었고 그런 데서 흥미를 느끼지도 못했다. 광기라는 주제는 그의 모든 작품을 관통하는데, 예를 들어 《더 맨 후 솔드 더 월드The Man Who Sold the World》의 수록곡 〈올 더 매드멘All the Madmen〉에서 보위는 자신의 생애와 작품을 완전히 미래를 향해 구성한다. 스스로 고백했듯이, 자기도 광기에 발목을 잡힐지 모른다는 두려움에서 앞으로 도망치려 했던 것이다.[3] 그는 이 주제를 다루면서 직접적으로 이복형 테리나 이모들 이야기를 하지 않고 항상 우회적으로, 이를테면 '알라딘 세인Aladdin Sane' 같은 인물이나 〈나는 미쳤어 I'm deranged〉 같은 곡을 통해서 자기도 미칠지 모른다는 두려움을 표현했다.[4] 물론 우리는 보위처럼 카멜레온 같은 예술적 창의력의 소유자가 아니다. 하지만 우리도 그처럼 추억보다는 미래를 바라보는 자세를 선택할 수 있다.

'현대적'이라 일컬어지는 태도

이러한 사람들의 태도는 '현대적moderne'이라고 할 수 있을 것이다. 이 단어의 의미는 17세기 프랑스를 뒤흔들었던 저 유명한 '신구 문학 논쟁Querelle des Anciens et des Modernes'에서의 'moderne'이다. 근대파 대 고대파 논쟁이라고도 한다. '고대파'(라 퐁텐, 라 브뤼예르, 라신, 부알로)는 과거에 대한 존중에서 현재의 위대함이 나올 수 있다고 보앗다. 왕은 자신을 초월한 역사의 계승자일 때 가장 위대하고, 예술은 고대의 위대한 전통에 충실할 때 가장 아름답다. 반면 페로와 몰리에르를 위시한 '근대파'는 예술이 과거와 결별하고 새로운 시각을 개척하고 열어야 하며 위대한 왕은 역사의 무게를 벗어나 새 시대의 기반을 닦아야 한다고 주장했다.

현대적 인간은 과감하게 전통과의 관계를 끊고 자기보다 앞선 이들을 추월한다. 그는 자유와 담대함으로 새로운 세상을 창조한다. 그는 작정하고 과거를 외면한다. 20세기의 전위적 예술가들(미래파, 다다이즘, 초현실주의 등)도 현대적 인간이다. 그들은 이 단절의 행위를 즐기며 자기들은 아무것도 물려받지 않고 새로운 예술을 하고 싶다고 외쳤다. 실존은 미래를 향해 자신을 투기하는 것이라고, 과거에 일절 좌우되지 않고 자유를 끊임없이 만들어나가는 것이라고 했던 사르트르적 실존주의자들 또한 현대적 인간이다. 불사조처럼 자신이 타고 남은 재 속에서 다시 태어난 데이비드 보위도, 잊어야만 하고 모든 것은 잊힐 수 있다고 노래한 자크 브렐도 현대적 인간이다. 과거를 무시하고 미래로 전진하려 할 때마다, 우리의 역사는 지나간 것이 아니라 앞으로 올 것이라고 생각할 때마다 우리는 현대적 정신에 마음이 동하는 것이다.

〈떠나^{Pars}〉는 자크 이줄랭이 1976년에 발표한 그의 가장 아름다운 노래 제목이다. 1976년이면 자크 브렐의 〈날 떠나지 마$^{Ne\ me}$

quitte pas〉가 나온 해로 부터 17년 후다. "떠나", 그리고 무엇보다 "돌아보지 마." 여러분은 여기에 "과거를 말이야"라고 부연하고 싶을지도 모르겠다. 우리를 심란하게 하는 이 노래 속에서 이줄랭은 다른 남자를 사랑하게 된 아내 쿠엘란 응우옌에게 "떠나"라고 말한다. 그는 마치—적어도 도입부에서는—그들의 이야기를 그만 끝내고 새로운 행복을 찾아가라고 그녀에게 속삭이는 것 같다. 쿠엘란 응우옌은 이기 팝과 데이비드 보위가 노래했던 〈차이나 걸China girl〉에 다름 아니다. 데이비드 보위와 이기 팝은 발두아즈의 전설적인 녹음 스튜디오 샤토 데루빌에서 《디 이디엇The Idiot》 앨범 작업을 하다가 그녀를 처음 만났다. 당시 자크 이줄랭은 응우옌과 아들 켄을 데리고 그곳에서 지내고 있었다.

"떠나, 무엇보다 돌아보지 마." 이 문장은 현대적 정신의 후렴구라고 할 수 있다. 1959년에 자크 브렐이 노래했던 "잊어야 해, 모든 것은 잊힐 수 있어"에 화답하는 것 같지 않은가. 이줄랭은 자기를 사랑했던 여자에게 떠나라고 하고, 브렐은 제발 떠나지 말라고 하지만 둘 다 과거를 지워버릴 수 있다고 노래한다.

심원한 슬픔, 견딜 수 없는 고통과 연결된 추억일수록 외면할 필요가 있을 것 같다. 때로는 과거를 상자에 처박아두고 당분간 들여다보지 않아야 겨우 살아갈 수 있다.

기억과 망각,
양자택일의 지속 불가능성

호르헤 셈프룬이 1943년부터 1945년까지 지냈던 독일 부헨발트 수용소에서 나와서 그 당시의 기억을 《글쓰기 혹은 삶 *L'Écriture ou la Vie*》[5]이라는 책으로 쓰기까지는 50년 가까운 시간이 필요했다. 이 책은 레지스탕스 활동 때문에 강제수용되었던 경험, 그리고 글쓰기를 통해 "죽음과 다름없다"고 했던 그 경험에서 벗어날 수 있음을 말하고 있다.

그는 이 책을 오랜 시간에 걸쳐, 몇 번이나 중도 포기하면서 아주 고통스럽게 썼다. 수용소라는 지옥을 떠올릴 때마다 죽음의 그림자가 다시금 그를 덮쳤다. 하지만 셈프룬은 1945년 4월에 수용소에서 풀려나자마자 글을 쓰려고 노력했다. 그곳에서 겪은 일을 글로는 표현할 수 있을 거라고 믿었기 때문이다. 그는 말로는 다 할 수 없을 공포의 경험을 글로써 전달하려고 했다.

셈프룬은 "죽음을 말함으로써 침묵으로 환원하기를" 바랐다. 그가 머릿속으로 구상한 책의 제목은 '글쓰기 혹은 죽음'이었다. 하지만 그 프로젝트는 실패했다. "만약 내가 계속했다며 죽음이 나를 침묵시켰을 것이다." 그는 자명한 진실을 직시해야 했다. 글쓰기는 카타르시스를 주기는커녕 그를 위태로운 죽음 불안에 빠뜨렸다. 불안은 그의 일상이 되었다. 먼저 떠난 친구들을 기억하고 그들과 다시 연결되면서 그는 죽음을 팔팔하게 소생시킨 셈이었다. 설령 수용소의 피폐한 경험을 글로 옮길 수 있다 해도 이제 막 전쟁이 끝났는데 누가 그런 이야기를 듣고 싶어 하겠는가? 모든 것을 재건해야 할 때는 뒤를 돌아보고 싶지 않은 법이다.

셈프룬이 40년 후 《글쓰기 혹은 삶》에서 명시적으로 밝혔듯이 수용소 경험은 "말할 수 없는 것"이라기보다는 "살아낼 수 없는 것"이었다. 하지만 글을 쓰려면 추억을 되살려야 했다. "반복과 되새김질에 침잠하여 죽음을 연장하고, 여차하면 이야기에 숨겨져 있던 최악의 부분을 끊임없이 들춰내어 죽음의 언어로만 남게 될 위험, 제 목숨을 깎아가며 죽은 것처럼 살게 될 위험"이 너무도 컸다. 그는 또 이렇게 짚고 넘어간다. "글쓰기는 나를 다시 죽음으로 몰아넣고 그 속에 깊이 처박았다. 나는 내 초고의 숨 쉴 수 없는 공기 속에서 숨이 막혔다."

죽음의 이야기를 쓰다 보니 문장을 하나하나 쓸 때마다, 일상적으로 일어나던 비극을 하나하나 떠올릴 때마다 죽음이 위압적인 위치에 등극했다. 아니, 그 정도가 아니라, 어디에나 존재하던 죽음에게 셈프룬이 새로운 왕국을 안겨준 셈이었다. 오래전 이겨냈던 죽음에게 그는 이제 와서 제압당할 것 같았다. 원고를 서랍에 깊숙이 집어넣고 부헨발트에서 보낸 2년의 기억은 없는 것처럼 사는 것이 최선일 성싶었다.

다시 그 원고를 마주하고 발표할 결심을 하기까지 20여 년이 걸렸다. 셈프룬은 《대여행Le Grand Voyage》에서 수용소 생활을 기억하는 작업을 시작했다. 기나긴 세월 동안은 본인의 말마따나 "자발적 기억상실증" 속에서 살아갈 필요가 있었다. 과거로부터, 부헨발트라는 생지옥으로부터 최대한 도망쳐야만 살 수 있었으므로.

그는 《글쓰기 혹은 삶》에서 이렇게 인정한다. "4월의 그날을 기점으로, 나이가 든다는 것이 죽음에 가까워진다는 의미가 아니라 오히려 죽음에서 멀어진다는 의미라고 생각하니 신이 났다."

《글쓰기 혹은 삶》은 망설임으로 보낸 수십 년을 추적한다. 글을 쓰면서 다시 죽음에 침잠하고 가장 끔찍한 기억에 시달릴 것인가, 아니면 삶을 우선시하고 시나리오 작업(셈프룬은 알랭 레네, 코스타 가브라스, 피에르 쇤데르퍼 같은 명감독들과 함께 작업했다)이나 정치 투쟁에 전념할 것인가(그는 공산당원이었고, 1988년에서 1991년까지 스페인 문화부 장관을 지내기도 했다). 그는 자신이 의도적으로 개인사의 일부를 끊어낸다는 것을 알고 있었다. 글을 쓰며 기억할 것인가, 살기 위해 잊을 것인가. 셈프룬은 두 선택지 모두 지속 가능하지 않다는 걸 깨달았고, 이러한 통찰의 증거가 바로 《글쓰기 혹은 삶》이었다.

과거에서 도망치기란 사실 쉽지 않다. 호르헤 셈프룬에게 절박했던 망각의 욕구는 당연히 이해할 수 있다.

르완다 대학살 생존자 아이들은 부모에게 물려받은 트라우마를 회피하려는 반응을 보인다. 르완다 출신으로 《작은 나라Petit

Pays》[6]를 쓴 소설가이자 래퍼인 가엘 파예는 르완다나 부룬디 출신 젊은이들은 대학살—장 아츠펠트가 "큰 칼의 계절"[7]이라고 불렀던 —에 대해서 아무 말도 듣고 싶어 하지 않는다고 말한다. 그들은 피비린내 나는 과거에서 해방되어 그저 여느 사람처럼 평화로운 현재를 즐기며 살고 싶을 뿐이다. 부모, 평생 보고 지낸 친구, 사이가 나쁘지 않았던 이웃 들이 하루아침에 큰 칼을 들고 서로 죽이거나 죽어나갔다. 상상도 못 할 야만, 견딜 수 없는 비극적 기억이니 외면할 만도 하지 않은가. 빛을 비출 수 없는 심연을 어떻게 들여다본단 말인가? 어둠이 되레 그들을 삼켜버릴지도 모르는데. 그들은 공포를 이해하고 소화할 수 없었기에 삼켜서는 안 될 독처럼 취급했다. 그들도 앞으로 나아가고 싶었다. 과거는 든든한 덮개로 봉인해놓고 적어도 현재를 살기 원했다.

파예는 그들을 이해하지만, 그러한 태도가 과연 옳은 걸까 의문을 품는다. 그가 생각하기에 더불어 사는 가능성을 확립하고 미래의 토대를 닦을 수 있는 유일한 방법은 오직 기억의 작업으로만 가능하기 때문이다. 물론 이런 반인도적 범죄는 이해를 벗어나는 것이기에 신중하게 접근해야 한다. 하지만 기억과 망각 중 어떤 선택이 생지옥을 경험한 후에도 삶과 화해하게 하는지는 쉽게 단언하기 어렵다.

회피는
결국 함정이다

어쨌든 과거의 고통, 트라우마로 남은 기억을 회피할 때 치르기 마련인 대가를 생각해봐야 한다. 과거는 발끈하고, 버티고, 때로는 역습하므로 과거를 무시하기란 쉬운 일이 아니다. 과거와 거리를 두려면 부단히 싸워야 한다. 그 싸움이 무의식적이고 자동적으로 이뤄질 수도 있겠으나 그래도 치러야 할 대가는 있다. 언젠가는 반드시 과거 회피의 심리적 비용을 치러야 할 때가 온다.

과거를 외면하고 전진할 수 있지만 그 길은 금세 가파른 오르막이 될 것이다. 내면의 싸움에 에너지가 소진되면 피로와 함께 짜증, 공격성, '번아웃'이라는 부작용이 온다. 우리는 싸움에서 승리할 수도 있겠지만 멀쩡하지만은 않을 것이다. 사실 승리라고 하기도 뭐하다. 회피는 결국 함정이기 때문이다. 회피는 무엇보다 자기 자신에 대한 폭력, 우리가 원하든 원치 않든 이미 우리의 일부인 과거에 대한 폭력으로, 종국에는 우리를 넘어뜨린다. '잘 빠져나왔어'라고 생각할 때 비로소 회피의 함정이 드러난다. 억압된 과거는 한층 더 우악스럽게 돌아와 우리가 그 긴 싸움에 지쳐 가장 약해져 있을 때 허를 찌른다. 과거를 무시하는 것은 위험 부담이 큰 전략이다.

현대적 정신은 거칠 것 없는 자유로 현재를 살아가고 미래로 자신 있게 나아가게 하므로 매력적으로 보이지만, 우리는 이 정신을 신중하게 대해야 한다. 그러한 행보는 때로는 과장되고 이데올로기적인 모양새를 취한다. 마음만 굳게 먹으면 과거를 딱 정리해 영원히 봉인할 수 있다는 식으로 말이다. 오늘날 이 이데올로기는 여러 방식으로 표현된다. 후회, 원한, 실패의 기억 같은 부정적 감정을 외면하고 긍정적 감정에만 주목하라는 자기계발 이론들만 봐도 그렇다. 과거에 대한 관심을 '쓸모없는 되새김질'로 치부하는 이들의 번지르르한 말에 은근히 내비치기도 한다.

가령, 볼테르가 한 말로 잘못 알려진 이 경구는 어떠한가. "행복이 건강에 좋기 때문에 나는 행복하기로 결심했다." 티셔츠나 머그잔에서도 발견할 수 있는 이 문장은 재미있으면서 '엉뚱한' 느낌이지만 잘 생각해보라. 행복이 그저 선택만 하면 뒤따르는 옵션 같은 것이던가? 손만 한 번 흔들면 고통스러운 과거와 결별할 수 있던가? 행복이 순전히 우리가 삶을 대하는 태도, 새롭게 바라보는 시선, 의지력에만 달려 있나? 이 현대적 이데올로기에 따르면 우리가 행복해지기 위해서는 물이 반쯤 담겨 있는 잔을 보고 '물이 반밖에 안 남았네!'가 아니라 '물이 반이나 남았네?'라고 생각하는 법을 배워야 한단다. 과거를 곱씹는 병을 떨치고 건강을 되찾으려면 뒤를 돌아보지 말고 저 앞을 바라보아야 한단다.

이러한 제안들은 매혹적이지만 인생사가 얼마나 복잡하고 오묘한지 간과한다. 프로이트주의, 라캉주의 같은 고전적 정신분석

✧

과거를 외면하고 전진할 수 있지만
그 길은 금세 가파른 오르막이 될 것이다.

가들이나 그들의 '적'으로 통하는 인지행동치료 전문가들이나 그러
한 이데올로기는 위험하다고 입을 모아 말한다. "뒤돌아보지 않고"
미래로 돌진한다면 무시당한 만큼 더 세게 반발하는 과거에 노출
될 위험이 있다. 이제 그 이유를 자세히 살펴보자.

절대로 흰곰만은 생각하지 마

표도르 도스토옙스키는 〈여름 인상에 대한 겨울 메모〉에
서 놀라운 관찰을 진술한다. "북극곰을 생각하지 않으려고 노력하
라. 그러면 매 순간 그 망할 놈의 흰곰이 머릿속에 떠오를 것이다."
1980년대에 미국의 심리학자 대니얼 웨그너는 이 가설을 과학적 실
험 기록으로 검증해보면 어떨까 생각했다. 그는 피험자들을 실험실
에 한데 모아놓고 아무거나 생각해도 괜찮지만 흰곰만은 생각하지
말라고 했다. 피험자들은 흰곰이 생각날 때마다 종을 울려야 했다.
얼마 지나지 않아 실험실에서 종소리가 쉴 새 없이 울려 퍼졌다.

심리학자들이 '흰곰 효과' 혹은 '반발 효과'를 처음으로 입증
한 이 실험은 그 후 2개의 대조군에 대하여 이루어졌다. 집단 1의
구성원들은 흰곰에 대해서 생각하지 않으려고 안간힘을 썼다. 집단
2의 구성원들은 자기 의지로 흰곰에 대한 생각에 집중해야 했다.

두 집단의 구성원들은 매일 흰곰이 떠오르는 빈도를 기록했다.

며칠 후 결과를 집계해보니, 집단 1이 집단 2보다 흰곰을 떠올리는 빈도가 훨씬 더 높았다. 흰곰 실험의 또 다른 변형은 피험자들이 잠들기 직전에 이루어졌는데, 피험자들이 회피하려고 하는 대상일수록 꿈에 잘 나온다는 사실이 밝혀졌다.

뉴욕 해밀턴 칼리지의 제니퍼 보턴과 엘리자베스 케이시는 이 실험의 의의를 더 깊이 파보기로 했다. 그들은 회피와 기분장애의 상관관계를 규명하고자 했다. 먼저 피험자들에게 스스로에 대해서 부정적이고 불쾌한 생각이 떠오를 때마다 기록을 하게 했다. 그 후 피험자들을 두 집단으로 나누었다.

집단 A는 부정적 생각을 몰아내기 위한 노력에 집중하라는 지침을 받았다. 반면, 집단 B에는 특별한 지침 없이 실험이 진행되는 11일 동안 평소처럼 생활하라고만 했다. 피험자들은 매일 자기 전에 그날 부정적 생각을 얼마나 자주 했는지 기록하고 기분에 대한 일반적 설문에 답했다.

이 실험의 결과는 대니얼 웨그너의 흰곰 효과를 입증했다. 집단 A의 구성원들이 B의 구성원들에 비해 훨씬 더 부정적 생각을 자주 했을 뿐 아니라, 11일에 걸친 실험이 끝난 후에도 우울감이나 불안감이 더 높은 것으로 나타났다. 요컨대, 부정적 생각을 억압하거나 회피할수록 기분에는 더 안 좋은 영향이 미친다. 그런데 우리가 자꾸 회피하려 드는 것 중 하나가 바로 우리의 과거다. 과거는 지우려고 애쓸수록 불쾌하게 되살아난다.

외상 후 스트레스 장애 치료 전문가 장루이 모네스테스는 《과거와의 화해*Faire la paix avec son passé*》라는 책에서 추억을 거부하는 태도가 곧 심리학에서 말하는 '회피'이며 이러한 태도가 곧잘 비생산적이라고 지적한다.[8] 그는 우리가 과거에서 도망치려고 몸부림칠수록 더 빨리 과거에 잠식된다고 설명한다. 괴로운 추억, 부정적 감정, 트라우마로 남은 이미지를 피하려 할수록 그것들은 힘이 세진다.

모네스테스는 강간, 테러, 폭격, 교통사고, 피습, 자연재해 등으로 인한 심리적 상처를 치료하는 과정에서 이 회피된 과거의 반발 효과가 얼마나 중요한지 강조한다. 흰곰 실험에서 다루었던 단순하고 무해한 생각이든, 보턴과 케이시의 실험에서 다루었던 부정적 생각이든, 그 효과는 마찬가지다. 심지어 감정적이거나 정서적인 함의가 있는 생각은 더욱더 그렇다. 트라우마가 심할수록 회피의 함정은 더욱 위험하다고 모네스테스는 말한다. 회피에 에너지가 많이 들수록 트라우마는 격렬하게 '반등할' 것이다.

"재난 피해자들은 트라우마를 생각하지 않으려고, 떠올리지 않으려고, 언급하지 않으려고 안간힘을 다하곤 한다. 그 일과 관련된 추억을 자극하는 장소나 사람 역시 회피의 대상이 된다. 회피에 투입되는 에너지가 트라우마의 공포를 감당하는 에너지와 맞먹는 것 같기도 하다." 대부분의 경우, "잊고자 하는 의지는 추억의 재발현에 비례한다. [⋯] 플래시백은 피해자가 더 이상 자신이 당한 일을 생각하지 않으려고 노력하고 난 후에 일어나는 경우가 많다."[9]

호르헤 셈프룬도 같은 사실을 확인했다. 죽음의 수용소 경험을 글로 쓰지 못하던 그는 자발적 기억상실에 빠져 있는 동안 똑같은 악몽을 자주 꾸었고 나쁜 꿈이 끝나면 아직도 자기가 부헨발트에 있는 건 아닌지 확인하기 위해 옆에 누워 있는 아내를 껴안곤 했다. '내가 부헨발트에서 꿈을 꾸었던 게 아닐까?' 수용소 생활과 그 후의 생활 중에서 무엇이 '현실'인지 모호할 때도 있었다. 그 이미지, 부헨발트 생활의 기억은 꿈에서만 그를 따라오지 않았다. 깨어 있을 때도, 충실하게 생활하는 동안에조차 문득 엄습하는 기억들이 있었다. 오래 씹어야만 삼킬 수 있는 유일한 먹을거리인 검은 빵, 구역질 나지만 수용소의 폭력에서 유일하게 보호받는 기분이 들었던 변소, 무엇보다 과거에서 튀어나온 듯한 그놈의 냄새, 화장장의 연기 냄새, SS 대원들이 풍기는 가죽과 오드콜로뉴 냄새….

장루이 모네스테스는 자신의 주장에 힘을 더하기 위해 구체적인 임상 사례를 든다. 그의 내담자 중에는 7세부터 14세까지 수시로 강간을 당한 경험을 안은 채 성인이 된 여성이 있었다. 그녀는 오랫동안 망각에서 위안을 구하려 했지만, 갈수록 자신이 힘들여 억압한 것에 다시 발목을 잡히는 기분이 들었다. 악몽, 섬광처럼 번득 살아나는 기억, 성기능장애가 점점 더 심해지고 일상에 지장이 있을 정도가 되었다. 시간이 갈수록 과거의 일화가 또렷이 되살아났다. 장소, 장면, 말, 냄새, 그리고 겁에 질려 꼼짝할 수 없었던 순간들도 되살아났다.

그녀는 지옥 같던 7년의 기억을 다 잊는 편이 정신건강에 이롭다고 믿었지만, 모네스테스는 기억의 삭제가 불가능하다는 것을 그녀가 받아들이자 진정한 치료가 시작되었다고 말한다.

"그녀는 그 고통스러운 일을 결코 잊을 수 없다는 결론에 도달함으로써 첫 단계를 넘어섰다. 안타깝지만 그녀가 옳다. [⋯] 그 결론까지 가는 것이 삶을 재건하기 위한 첫걸음이다."[10] 한동안은 과거를 잊는 데 성공할지도 모르지만 언제나 심리적 피로를 달고 살아야 할 것이다. 가령, 이 여성 내담자는 특별한 이유도 없이 주말 내내 꼼짝도 못하고 비정상적으로 길고 깊은 잠에 취하곤 했다.

그녀의 사례는 하나의 일반적 진리를 알려준다. 경우에 따라, 특히 단기적으로 버티기 위해서 이따금 억압이 필요할 때도 있지만 장기적으로는 그러한 심리 상황을 밀고 나갈 수가 없다.

모네스테스는 그 내담자가 해방되기 시작한 바로 그 순간을 강조한다. 그녀가 자기 입으로 "결국, 잊을 수는 없죠"라고 말한 순간이었다. 기억을 상대로 싸우지 않아도 된다고 생각한 순간, 마음을 놓기라도 한 것처럼. 그 기억을 가지고 살아도 된다고 느끼기 시작한 것처럼. 마침내 과거와 싸우지 않고 과거가 현재에 들어설 수 있도록 문을 열고 '화해할' 결심을 한 것처럼.

잊기 위해 술을 마신다?

술꾼은 과거에서 도망치려고 술을 마시곤 한다. 이별이나 실패, 굴욕이나 사별의 아픔을 잊기 위해서. 그는 삶의 비극을 감추려고 술을 마신다. 이 방법도 처음에는 '통한다.' 술은 근심이나 괴로운 추억을 외면할 때 요긴하다. 하지만 유예는 오래가지 않고 과거는 더 세차게 돌아올 뿐이다. 그놈을 잠재우려면, 과거를 떨쳐냈다는 환상을 다시 맛보려면, 언제나 더 많은 술이 필요하다.

뿐만 아니라 알코올 중독과 회피라는 이중의 함정이 닫혀버린다. 괴로운 추억에서 벗어난 듯 느껴지겠지만, 그건 아주 잠깐의 성공에 불과하다. 과거를 멀리한 대가로 여지없이 반발 효과가 일어날 것이다. 그는 한층 약해진 상태로 트라우마를 맞이한다.

알코올 중독자는 '코르사코프 증후군'이라는 기억장애의 위험도 있다. 19세기 말의 러시아 신경심리학자 코르사코프는 보드카 남용의 영향을 연구하다가 이 질환을 발견했다. 코르사코프 증후군은 일종의 치매, 인식장애 및 '선행성' 기억의 심각한 왜곡을 특징으로 한다. 다시 말해 환자는 이제 막 경험한 일을 기억으로 남기지 못하므로 새로운 추억을 만들지 못한다.

'선행성' 기억상실은 옛 추억을 간직하지 못하는 '후행성' 기억상실과 구별된다. 과거의 기억이 알코올 중독으로 인해 변하는 경우는 드물다. 만성 알코올 중독은 비타민 B1 결핍과 뇌 손상, 정확히는 해마의 손상을 일으킨다. 앞에서 보았듯이 해마는 단기기억을 장기기억으로 옮기는 역할을 한다. 역설적이면서도 비극적인 사실은 술꾼은 망각에 '성공'하지만, 최근의 일만 잊을 뿐 오래된 상처, 상흔, 트라우마는 결코 잊지 못한다는 점이다.

술꾼은 자신의 악마들이 마음대로 설치다가 돌아오게 내버려둠으로써 또다시 술을 찾게 되기에 더 비참하다. 추억을 다시 만들어나갈 수 없으니 상황은 더 견디기 어려워진다. 새로운 추억이야말로 고통스러운 과거를 안고 살기에 가장 좋은 수단 중 하나인데…. 과거를 포도주나 보드카, 위스키에 담그기 원하는 술꾼은 과거에서 영원히 놓여나지 못하는 벌을 받는다.

워커홀릭의 결말

일벌레, 이른바 '워커홀릭'도 알코올 중독자와 비슷하다. 그는 일을 도피처로 삼고 숨 돌릴 틈도 없이 움직이면서 과거의 일들, 잊고자 하는 기억을 외면하려 한다. 그는 늘 바쁘고, 생각이 많고, 당장 할 일과 앞으로 할 일에 치여가며 산다. 업무에 매달려 인정 욕구를 채우는 워커홀릭은 외면하기로 작정한 과거에서 도망칠 수 있다. 물론 이 전략도 처음에만 통한다.

리에주 의과대학의 A. J. 신 교수가 다양한 일 중독을 연구하고 보여주었듯이[11] 워커홀릭과 열심히 일하는 '건강한' 사람의 차이는 목표를 달성한 후 잠시 멈춰서 쉴 수 있느냐 없느냐에 달렸다.

워커홀릭은 자유시간이나 휴가를 즐길 줄 모른다. 그의 삶의 질은 노동의 신에게 제물로 바쳐졌다. 고통스러운 과거나 가정생활, 정신적으로 피곤하거나 불만족스러운 연애를 피하려고 다소 의식적으로 과로를 택하기도 한다. 혹은 주말이나 휴가가 다가오는데 선약이 없으면 불안하니 차라리 일에 몰두하는 편이 낫다고 여긴다.

이들 대부분은 번아웃으로 귀결된다. A. J. 신에 따르면 이게 제일 큰 문제다. 치유되기가 가장 요원한 경우이기 때문이다. 이러한 전진형 도피에 빠지지 않으려면 자신의 행동장애를 자각하고 치료를 받아야 한다. 그러나 충동적 행동은 고통스러운 추억이나 당면한 가족 및 인간관계의 문제를 피하고 싶다는 욕망으로 지탱될 뿐, 이러한 통찰은 부족하기 십상이다. 또한 워커홀릭은 대부분 완벽해야 한다는 강박에 사로잡혀 있거나 유해한 조직 체계의 톱니바퀴로 살고 있기 때문에 치유의 길이 더욱 멀고 힘들다.

워커홀릭들도 알코올 중독자처럼 반발 효과의 대가를 치를 것이다. '침입적 사고'는 가장 예상치 못한 때, 가령 한창 일을 하고 있을 때, 한시름 놓고 잠에 들려고 할 때, 며칠 휴가를 얻어 긴장을 풀어보려 할 때 불시에 닥치곤 한다. 그리하여 '감당할 수 없다'는 말이 무슨 뜻인지 뼈저리게 깨닫게 된다. 이번에는 가짜 긴급 사항이 아니라 억압된 것의 회귀에 정신적으로 제압당할 테니까. 그제야 그들의 통제감은 허상이었다는 것이 밝혀진다. 번아웃의 일부 유형은 이런 때 온다. 워커홀릭들은 일을 너무 많이 해서 무너지는게 아니라 일을 핑계로 개인사를 외면하고 자기가 직시해야 할 문제들을 멀리하기 때문에 무너지곤 한다.

우리는 단기적으로 '잊기 위한' 효과적 전략(과음, 과로, 쾌락의 추구 등)을 세울 수 있다. 회피는 과거를 뒤로할 수 있고 더 이상 생각하지 않을 수 있다는 환상 속에 우리를 붙잡아놓는다. 하지만 근본적으로는 기억에서 어떤 요소를 없애려고 할수록 그 요소에 집중하고 그 요소를 강화하게 된다. 우리가 의식하든 의식하지 않든 그 요소가 대니얼 웨그너 실험의 흰곰이 되는 셈이다.

실패의 미덕

특히 실패를 회피하는 경우는 실패라는 사건에서 어떤 가르침이나 이점을 전혀 끌어낼 수가 없다. 나의 전작 《실패의 미덕 _Les Vertus de l'échec_》은 실패를 발전으로 전환하려면 어떤 다양한 조건들이 필요한지 고찰했다. 일단 실패를 부정하지 않을 것, 그리고 참을성 있게 분석할 것. 이것들은 실패를 수용하는 두 가지 양상, 엄밀히 말해, 실패를 회피하지 않는 두 가지 방식이다.

회피를 회피하라. 실패의 경험을 분석하지 않고 밀어내려고 한다면, 아무 일도 일어나지 않을 수 있었다는 상상의 시나리오 뒤에 숨는 것과 같다. 이것을 '반사실적 사고' 혹은 '사후 가정 사고'라고 한다. '그때 …만 아니었으면 그런 실패는 없었을 거야.' 부정의 상황을 만들면 아무것도 배울 수 없다. 더 큰 문제는 똑같은 실수를 반복하고 똑같은 실패를 겪을 위험에 노출된다는 것이다. 이 저주와도 같은 반복이 인생을 점점 더 죽지 못해 사는 고통으로 몰아넣는다.

일찍이 세네카는 말했다. "에라레 우마눔 에스트, 페르세베라레 디아볼리쿰Errare humanum est, perseverare diabolicum". 실수는 인간적이지만 실수를 고치지 않는 고집은 사악하다. 옛사람들의 지혜가 넘치는 이 격언은 사실 이전에 키케로가 인용한 바 있고, 훗날 성 아우구스티누스도 인용할 것이다. 아무리 괴로운 실패도 삶의 여정에서 떼어낼 수 없는 한 부분이다. 문제는 실패 자체가 아니라 실패의 반복이다. 우리가 본능으로 모든 것을 알 수는 없다. 그러니 실수에서 풍부한 배움을 얻고 장차 성공하기 위한 길잡이로 삼아야 한다. 그런데 왜 우리는 지치지도 않고 실수를 반복하는가? 그건 아마 불편한 순간을 되새기고 싶지 않아서 실수를 과거에 버려놓고 등 돌리기 때문일 것이다. 배움을 얻기 위해 분석하기보다는 그냥 잊으려고 에너지를 쓰다 보니 같은 실수를 되풀이한다.

◇

실수는 인간적이지만
실수를 고치지 않는 고집은 사악하다.
문제는 실패 자체가 아니라 실패의 반복이다.

실수나 실패를 어떻게 대하는지에 따라 과거, 나쁜 기억과의 관계까지 다시 생각해보게 하는 계기가 마련될 수 있다. 같은 실수를 반복하는 게 지긋지긋하다고 불평하기 일쑤지만, 그렇게까지 우리에게 깊이 파고든 실수를 일종의 경고 삼아 더는 그런 일이 일어나지 않도록 조심할 수 있다면 다행스럽지 않은가? 다시는 최악의 사태를 겪고 싶지 않다면 최악을 제대로 기억하는 것부터 시작하자.

기억을 삭제하는 알약?

과거를 회피하려 할 때 따르는 곤란과 위험은 신경과학자들이 최근에 확인한 사실로 설명된다. 우리는 어쨌든 기억을 지울 수 없다. 이미 보았듯이 기억은 뇌의 특정 위치에 입력되는 데이터가 아니다. 추억은 서로 다른 신경다발이 교차하며 특정 일화가 동시에 여러 방식으로(그날 느꼈던 감정, 그 일화를 연상시키는 냄새나 색깔, 그 일화에서 비롯되어 어느덧 익숙해진 생각, 어떤 장소…) 의식에 떠오르는 것이다.

하나의 추억은 그 추억을 떠오르게 한 다른 추억들과 연관될 수 있다. 우리의 경험 가운데 무엇이 추억을 환기하는 힘이 있는

지는 미리 알 수 없기 때문에 어떤 기억을 완벽하게 '지우기'란 불가능하다. 물론, 기억에는 고유한 흔적이 있다. 신경 시냅스 경로와도 비슷한 이 흔적을 '엔그램engram'이라고 부른다. 그러나 뇌를 구성하는 850억 개 뉴런들 사이에서 그 흔적의 위치를 잡아내기란 불가능하다. 설령 그렇게 할 수 있는 날이 오더라도—그럴 성싶지는 않지만—의도적으로 그 흔적을 지울 수 있느냐는 또 다른 문제다.

에르베 르 텔리에의 익살맞은 단편소설 〈빌리발트 발터 혹은 제자리에 놓인 기억Willibald Walter ou la mémoire en place〉[12]의 중심을 차지하는 것이 바로 이 특정 기억을 지울 수 없다는 불가능성이다. 미셸 공드리가 이 작품에서 영감을 받아 만든 영화가 〈이터널 선샤인〉이다.

기억상실증 전문가인 의사 빌리발트 발터는 기억의 위치를 특정하는 데 성공했다. 상세하고 정확한 뇌 지도를 제작한 그는 자신을 돈방석에 올려놓을 '망각의 알약'을 개발한다. "누구에게나 잊고 싶은 것이 있다. 오늘날까지도 부끄러워 견딜 수 없는 어제의 나쁜 짓이라든가, 꼬락서니가 완전히 우스워졌던 상황이라든가, 아니면 그냥 허구한 날 듣는 (어머니, 아내, 혹은 그 둘 다의) 잔소리라든가. 선택적 기억상실은 마침내 과거를 지우고 현재를 바꿀 수 있게 해줄 것이다."

바로 그때 3주 전부터 연인으로 지내던 므네모시네가 발터에게 이별을 선언한다. 그는 버림받았다는 슬픔과 원통함으로 끔찍한 나날을 보낸다. 길에서 마주치는 모든 여자가 므네모시네처럼 보인다. "어떤 여자에게서 입가의 그 주름이 보이고, 다른 여자에게서는 그녀 특유의 붉은 머리가 보인다. 길을 건너는 또 다른 여자는 사랑하는 그녀의 관능적인 걸음걸이를 그대로 빼다 박았다."[13] 하지만 닥터 발터는 고통을 더 이상 끌지 않기로 작정한다. 망각의 알약을 자기 자신에게 시험해보기로 한 것이다.

하지만 알약을 제조하면서 그는 불안에 사로잡힌다. 적정 용량을 어떻게 정해야 하나? 자신의 대뇌피질에서 므네모시네의 흔적이 자리 잡은 위치("좌반구 하측두엽 입체 좌표 274.32.198")는 알고 있지만 사랑하는 여인의 추억은 다른 곳에도, 이를테면 그녀가 좋아했던 요리나 둘이 함께 보았던 영화 속에도 있지 않을까? 그녀의 얼굴이나 둔부를 잊는다 해도, 그 연애가 가르쳐준 것, 그로써 자기 자신에 대해서 알게 된 것까지 잊힐까? 무엇보다, 정말 므네모시네만 지워지고 나머지는 그대로 남을까?

"세심하게 양 조절을 하면 지난 3주의 기억 영역만 삭제되고 그보다 더 오랜 기억은 건드리지 않을 것이다. 그는 혹시나 비율을 잘못 잡아서 신체적으로 같은 영역에 위치하는 과거 몇 달, 아니 몇 년의 추억까지 삭제될까 봐 두려웠다. 빌리발트는 므네모시네를 기억에서 지우고 싶었지만 오로지 그녀만 잊고 싶었다. 새로 발급받은 신용카드 번호, 도어록 비밀번호는 말할 것도 없거니와 자기라는 사람, 친구들의 얼굴, 지인들의 이름은 절대로 잊고 싶지 않았다."[14]

르 텔리에는 부조리의 시정詩情으로 장루이 모네스테스의 주장에 화답한다. "기억은 책 한 권을 버리면 평화를 되찾을 수 있는 거대한 도서관처럼 기능하지 않는다. 우리의 추억은 재편성되고 대조 검증되며 상호의존적인 경우가 많다. 뇌는 자기가 일단 들여놓은 것을 호락호락 내보내지 않는다."[15]

과학이 언젠가 추억의 위치를 정확하게 파악하고 지도화하더라도, '원치 않는 기억'을 정확히 집어내는 방법을 찾아내더라도 필연적으로 그 주위의 다른 기억들에까지 영향이 갈 것은 분명하다. 그리고 기억은 사라지더라도 사라진 기억이 우리에게 어떻게 인상과 영향을 남겼는지, 그로써 우리가 어떻게 구축되었는지는 계속 남을 것이다. 추억을 없앨 수는 없거니와—억제해야 할 뉴런 네트워크를 '제대로' 골라낸다고 이론적으로 가정하더라도—설령 그게 가능할지라도 우리가 그러한 경험으로 인해 변했다는 사실마저 바꿀 수는 없다. 우리 안에 과거가 있기 때문에, 우리는 이미 과거에 영향을 받았기 때문에 과거에서 도망치기란 불가능하다.

과거는 언제고
매복해 있다

데이비드 크로넨버그는 영화 〈폭력의 역사〉에서 과거가 어떻게 현재로 튀어 오르는지 보여준다. 톰 스톨(비고 모텐슨 분)은 인디애나주의 소도시에서 평화롭게 살아가는 시민처럼 보인다. 그는 소박하지만 편안한 식당을 운영하는 좋은 남편이자 아버지다. 어느 날 저녁, 식당 문을 닫으려는 순간 두 명의 범죄자가 들이닥친다. 약에 취한 폭력배들은 돈만 노리는 게 아니라 명백히 학살을 저지를 태세다. 하지만 그들은 정신을 차릴 겨를도 없었다. 눈 깜짝할 사이에 톰이 그 둘을 죽여버리므로. 물론 그는 영웅이다. 식당 직원들을 구했을 뿐 아니라 어찌 보면 신속하게 정의를 구현한 게 아닌가.

톰은 언론의 관심을 받고 가족은 물론, 온 마을의 자랑거리가 된다. 하지만 이웃들이 의문을 품기 시작한다. 예전에 무슨 일을 했기에 그렇게 싸움을 잘하고 무기를 잘 다룰까? 그렇게나 온순하고 차분하던 사람이 냉정하고 능숙하게 사람 목숨을 빼앗는다고? 톰은 사태를 축소하려 애쓴다. 그냥 운이 좋았다고, 반사신경이 좀 뛰어날 뿐이라고… 하지만 의심이 차츰 마을에 자리를 잡는다.

어느 날, 험악한 인상의 애꾸눈 마피아(에드 해리스 분)가 검은색 세단을 몰고 마을에 나타난다. 그는 식당에 들어와 톰을 조이라고 부른다. 이제 톰의 과거가 드러난다. 사람 좋은 식당 주인은 오래전 잔인무도한 폭력으로 이름을 날리던 갱단 두목이었다. 그가 과거를 버리기 위해 선택한 이름 톰 스톨은 그에게 살해당한 자의 이름이었다. 살뜰한 아버지, 사려 깊은 남편, 헌신적인 고용주의 정체는 무자비한 범죄자 조이 쿠삭이었다.

오랜 세월 과거를 멀리하고 신분 세탁을 하고 먼 곳으로 떠나 새 삶을 꾸렸는데도, '현대파'들이 그토록 높이 사는 "자기의 재발명"에 해당하는 삶에 매진했는데도, 폭력배들이 식당에 들이닥친 것만으로도 '폭력의 역사'는 순식간에 고스란히 되살아났다. 마지막 범죄, 마지막 폭력 행위가 마치 그날 아침에 있었던 일인 것처럼. 〈폭력의 역사〉는 이것을 하나의 결정적 장면으로 멋지게 보여준다. 과거는 언제고 튀어 오를 기세로 매복해 있다. 심지어 우리가 과거에서 도망쳤다고, 제대로 따돌렸다고 생각할 때조차도.

과거의 연인들도 때때로 이 진실을 가늠한다. 한때 사랑했던 두 사람이 몇 년이 지나 재회한다. 그때껏 둘은 서로 왕래하지 않았고 그들의 연애는 마음속 깊이 파묻힌 유물에 지나지 않았다. 그런데 우연한 만남 한 번에 모든 기억이 살아난다. 바로 어제 헤어진 것만 같다. 그 사람의 체취, 익숙한 몸짓, 쾌락으로 치닫는 방식, 미치도록 보드라운 살결, 춤을 출 때의 그 독특한 움직임…. 까맣게 잊었던 관능이 그동안 아무 일 없었다는 듯이, 어제와 똑같다는 듯이 되돌아온다. 전부 다 여기에, 그 첫날처럼 강렬하고 생생하게 존재한다. 아무것도 변하지 않았다. 중요한 것은 그대로 남아 언제고 솟아오를 준비가 되어 있다. 마음과 몸은 결코 잊지 않는다.

고통스러운 과거와 결부된 장소나 사람은 피할 수 있다. 씁쓸한 연애의 막을 내렸던 식당에는 절대로 가지 않고, 같이 자주 먹던 그 메뉴는 절대 시키지 않고, 공통의 친구들과 연락을 끊는다.

어떤 추억을 피하고 싶다면 구사할 수 있는 전략은 널리고 널렸다. 하지만 그러한 노력은 헛되다. 추억은 우리가 미처 피할 수 없는 오만가지 디테일에 의해 깨어나고 말 테니까. 라디오에서 흘러나오는 노래, 우연히 스친 낯선 이에게 나는 냄새, 여름휴가를 보냈던 마을 이름…. 과거의 일화들은 비록 의식에 떠오르지 않더라도 우리 기억 속에 있다. 우리는 잠들어 있는 추억의 '점화'를 예측할 수 없다.

회피는 위험하고 망각은 불가능하기 때문에 과거와 싸우지 않고 '사이좋게' 더불어 사는 법을 배워야 한다. 쓰라린 추억을 받아들이지 않고 거부하면 장기적으로 더 큰 아픔을 겪는다. 우리는 잊고자 하는 것에서 멀리 달아나기 위해 막대한 에너지를 쓴다. 당장 처리해야 할 일을 만들고, 우리의 삶을 결정하는 '할 일 목록'에 매달린다. 공허한 도락에 빠지고, 때로는 파괴적 중독에 탐닉한다. 이 모든 게 회피의 논리가 헛되고 비생산적이라는 사실을 이해하지 못해서다. 미래를 살려고 회피한 과거는 바로 그 회피에 투입된 에너지에 비례하는 힘으로 돌아와 삶을 망친다. 마치 우리는 사랑을 거절당하고 마음을 억누르려 애쓰는 사람과 비슷하다. '더는 그 사람을 생각하면 안 돼, 잊어야 해!' 과거에 연연하지 않는 척하지만 실은 과거를 소생시키고 있는 걸 모른 채.

이러한 도식은 프로이트가 말하는 '부인'과 유사하다. "나는 과거에 집착하지 않는다"라고 말하는 자는 실은 누구보다 자신의 과거에 집착하는 자다. "나는 거짓말하지 않았어"는 내가 기만을 저질렀다는 고백이나 다름없다. 진실을 말하는 자는 절대로 '눈을 똑바로 보면서' 자기가 거짓말을 한 게 아니라고 단언하지 않는다. 정말로 과거에서 벗어난 사람은 과거에 관심 없다고 고래고래 외치지 않는다. 불면증 환자는 잠을 자야 한다고 전전긍긍하느라 잠을 못 이룬다. 이렇듯 사람의 의지만으로는 안 되는 일들이 있다. 잊으려고 노력할수록 잊을 수가 없다. 쫓아내려고 하면 우리 주위를 계속 맴도는 말벌들처럼, 나쁜 기억은 휘이휘이 손을 저어봤자 좀체 물러나지 않는다.

이제 자크 브렐의 노래가 그토록 마음에 사무치는 이유를 이해할 수 있다. "잊어야 해, 모든 것은 잊힐 수 있어…" 그는 그녀를, 우리를, 무엇보다 자기 자신을 설득하려 한다. 하지만 그럴 수 없다는 것을 이미 알고 있다. 모든 것은 잊히지 않는다. 여기서 이 특수한 서정성이 나온다. 결코 다다를 수 없는 별을 노래하듯이, 결코 가능하지 않은 망각을 노래하기에.

3부

과거와 나아가기

6

과거를 버팀목 삼다

우리는 과거를 피할 수 없기 때문에 과거와 함께 살아야 한다. 베르그송은 기억의 철학을 제시함으로써 과거와 온전히 더불어 살 것을 권한다. 그러한 제안은 다소 과하게, 나아가 급진적으로 보인다. 과거를 피하지 못한다지만 그렇다고 해서 전부 다 현재로 끌고 올까? 아마 대부분은, 설령 방법을 안다고 해도, 걸음을 뗄 준비가 되어 있지 않을 것이다. 그렇지만 베르그송은 우리를 흥미진진한 길로 이끈다. 여기에서 그 길을 함께 살펴보려고 한다.

베르그송의 교훈은 온전히 우리 자신으로 존재하라는 것이다. 적어도 우리 삶의 결정적 순간에는 우리 자신이어야 한다. 이는 삶에 새로운 방향을 부여하는 결단을 내릴 때, 그것이 자기가 정말로 원하는 게 뭔지 알기 위한 필요조건일 것이다. 그리고 그 바람을 실현하기 위한 수단이기도 하다. 자기와 어우러지는 참된 욕망은 개인사 전체를 다시 파악하고 자신에게 정말로 의미 있는 목표로 이끈다. 마찬가지로, 의지는 나와 정말로 맞아떨어지는 것, 내 안에서 정체성과 개인사에 부응하는 것을 갈구할 때만 강력할 수 있다. 베르그송이 《창조적 진화》에서 말한 바가 바로 이것이다. "아마도 우리의 사유에는 우리 과거의 작은 일부만 관여할 것이다. 그러나 우리가 욕망하고 원하고 행동하는 것은 본래 영혼의 굴곡까지 포함한 우리의 과거 전체와 함께다."

베르그송은 마드리드에서 한 강연[1]에서 과거 전체를 다시 파악하여 '창조적 재연'이라는 개념으로써 미래에 우리를 투사한다는 생각을 종합했다. 과거 전체를 다시 파악하기 때문에, 자신의 유산 전체에 기대고 인생 여정을 고스란히 끌어안고 결단하고 행동하는 것이기 때문에 '재연récapitulation, 반복'이다(생물 진화에서 "개체 발생은 계통 발생을 반복한다"고 할 때 그 반복 혹은 재연을 말한다. 여기서는 répétition과의 혼동을 피하기 위해 '재연'이라는 역어를 택했음을 알려둔다.—옮긴이). 또한 이 선택, 이 행동을 통해 삶을 새로운 방향으로 추진하게 되기 때문에 '창조적'이다. 우리는 새로운 것을 만든다.

수용의 시간,
행동의 시간

예전에 어느 프랜차이즈 제빵업체 매니저와 길게 대화를 나눈 적이 있다. 나는 그의 전형적이지 않은 이력에 깊은 인상을 받았다. 그 행보가 베르그송의 개념을 설명해줄 수 있을 것 같다.

그는 가족, 특히 아버지와 연을 끊고 자수성가했다. 아버지는 제빵사였는데 부르고뉴의 그 마을에서 제일 잘나가는 빵집 주인이기도 했다. 아들은 스무 살쯤 되자 자기 가족, 고향, 빵집에서 멀리 떠나고 싶었다. 그대로 있으면 평생 '아무개의 아들'로서 아버지와 똑같은 인생을 살게 될 것 같았다.

흑백논리에 사로잡힌 그에게는 양자택일만 가능했다. 이미 닦여 있는 길을 따라가든가 떠나서 완전히 다른 인생을 살든가. 그래서 그는 파리의 응용미술학교에 진학했다. 대학을 졸업하고 바로 어느 스타트업 기업의 그래픽 디자이너로 일했다. 열심히 일했고 잘한다는 소리도 들었지만 그는 자기 분야에 별로 흥미가 없었다. 누구보다 빨리 승진하고 회사가 잘되어가도 그는 자기실현의 만족감이나 진정한 재미는 느낄 수 없었다.

삼십 대 후반에 그는 이런저런 생각이 많아졌다. 자신이 너무 과장된 생각에 사로잡혀 이러한 삶을 선택한 것은 아닐까? 온전히 자기 뜻으로 아버지의 인생 모델을 외면했지만 그러면서 정말로 좋아했던 장인들의 세계에서도 멀어졌다. 그는 끝없이 이어지는 회의나 이메일 처리에 급급해서 진짜 의미 있는 '일'을 하나도 못 하고 있는 기분이 들었다. 게다가 아버지는 아버지대로 은퇴를 생각하고 있었다. 지금껏 일해온 만큼 이제는 여유를 누릴 때도 되었다.

아들의 생각이 차츰 뚜렷해졌다. 가업을 물려받되 반죽과 오븐에 직접 매달리지 않고 자기 회사를 운영해보기로 했다. 자신의 입장을 되돌아보고 너무 빨리 거부했던 길을 재고하게 되기까지 오랜 세월이 필요했다. 아버지의 길을 따르되 이미 닦여 있는 길만 가란 법은 없었다. 물려받은 것에서 시작해도 고유한 정체성을 만들 수 있다.

그는 빵집을 물려받으면서 아버지가 거부했던 배송 주문 서비스를 도입했다. 여러 식당과 제휴를 맺었고, 그래픽 디자이너로서 빵집의 브랜드 이미지를 구축하고 웹사이트도 만들었으며, 스타트업에서 보고 배운 경험을 살려 개인 빵집을 가족이 운영하는 향토 기업으로 발전시켰다. 그리고 인근 도시에도 프랜차이즈 지점을 냈다. 사업은 나날이 번창해 그는 성공한 기업 대표가 되었다.

그가 성공할 수 있었던 이유를 한 가지만으로 꼽긴 어렵겠지만, 결코 간과할 수 없는 지점이 있다. 바로 그가 어린 시절의 추억을 고스란히 끌어안고 갔다는 것이다.

어릴 적 그는 수요일 오후와 주말에는 늘 아버지의 빵집에서 보냈다. 오븐에서 황갈색으로 익어가는 빵 냄새가 어찌나 먹음직스러웠는지. 그 냄새는 당시 그에게 삶 그 자체였다. 제대로 일하려는 태도, 건실한 작업에 의미를 두는 자세 역시 돌이켜보면 아버지의 빵집에서 배운 것이었다. 비록 그가 스무 살에는 몰랐지만 '직업관'에 가까운 사고방식이 이미 그 안에 자리하고 있었다. 자기가 직접

하는 일. 자기 눈에나 남들의 눈에나 실제적인 결과물이 보이는 일. 매일 구체적인 뭔가를 생산하고 거기에서 의미를 찾는 일. 뭔가를 만들어내는 즐거움을 누리고, 빵이 참 맛있다고 손님들이 말해줄 때마다 보람을 느끼는 일.

우리의 유산, 즉 어릴 때나 젊은 날에 부모나 조부모에게 명백히 물려받은 것, 혹은 그들의 행동이나 삶의 방식을 본받아 체득한 것을 자각하기까지 때로는 오랜 시간이 필요하다.

한편, 습관의 힘이 소리 없는 계승을 이루어낸다. 아들은 아버지가 매일 기분 좋게 빵집에 출근하고 저녁이면 바게트나 크루아상을 들고 와 "애들아, 이거 맛 좀 보렴!" 하고 외치는 모습을 보고 자랐다. 아버지와 시내에 나가면 가끔 모르는 사람들이 인사를 건네며 "빵이 참 맛있다"고 말해주었다. 그들의 진심 어린 칭찬은 그가 생각했던 것 이상으로 마음에 깊이 남아 있었다. 가족 기업을 성공적으로 일으킨 비결은 어린 시절의 추억과 직업적 노하우의 종합이었다. 그는 빵집 주인이라는 역사를 재연하되 빵집을 운영하는 방식을 새로 만들어내면서 창조성을 발휘했다. 빵집은 미래를 보고 프랜차이즈로 변신했지만, 과거의 흔적을 여전히 가지고 있다. 빵집의 이름도 그대로 가져갔다. 10년 전에는 짊어지기 부담스러웠던 가문의 이름이 이제 그의 자부심이 되었다.

남자가 자신의 길을 찾고 실현하는 과정에서 보여준 두 가지 태도에 주목해보자.

첫째, 그는 과거에 자신을 열어놓았다. 현재의 일이 불만족스러워 고민할 무렵 과거가 돌아오게 해놓고 자신이 물려받은 유산을 곰곰이 따졌다. 이는 수용의 시간이라 볼 수 있다. 이로써 그는 장인의 일, 장사의 의미에 대해 막연히 생각했던 것보다 구체적인 관점을 견지하고 있음을 인식했고, 아버지에 대한 존경심이 크다는 걸 깨달았다.

둘째, 자신의 개인사를 포용하고 그것을 바탕으로 도약했다. 이는 행동의 시간이라고 할 수 있다. 그가 아버지의 빵집을 물려받아 새롭게 변모시킨 덕분에 동네 장사에서 성공적인 프랜차이즈 사업으로 확장할 수 있었다.

수용의 시간. 과거가 우리에게 한 것을 깨닫는 시간이다.

행동의 시간. 우리가 과거로 무엇을 할지 결정하는 시간이다.

수용의 시간. 우리가 물려받은 것을 살피는 시간이다.

행동의 시간. 앞으로의 인생의 창립자가 되는 시간이다.

수용의 시간을 통해 우리가 과거의 산물임을 알게 되면, 행동의 시간으로써 우리가 단지 과거의 산물만은 아니라는 것을 증명할 수 있다.

디디에 에리봉 역시 《랭스로 되돌아가다》에서 이 이중의 태도를 수행한다. 자신의 역사를 재연하고 유년기, 청소년기, 인문학의 발견, 성적 지향에 대한 인식, 출신 환경이 불러일으키는 수치심, 도피라는 선택, 그리고 뒤로하고 싶었던 모든 것으로의 회귀를 돌아본다. 그는 이 과정에서 가식 없이 자신을 진정으로 열어놓는다. 바로 수용의 시간이다. 그는 과거를 재연하면서 최고의 책을 써냈다. 책은 크게 성공했고 그와 같은 처지에 있는 이들에게 영감을 주었다. 이는 행동의 시간이다. 따라서 랭스로의 '회귀'는 온전한 창조적 재연이다. 작품과 생을 되살리는 방식이랄까.

에리봉은 우리에게 이렇게 말한다. 이것이 나의 과거요, 과거가 나에게 한 일이다. 하지만 나는 단지 그것만은 아니라고 덧붙인다. 그는 작품으로써, 전에 없던 것을 창조했다.

우리가 물려받은 것에 우리 자신을 진심으로 넉넉하게 열어놓을 때 새로운 창조의 발판을 발견한다. 우리의 역사와 정체성에 충실하면서 하루하루를 만들어내려면 힘이 많이 들지만 더 큰 힘을 바로 거기에서 얻을 수 있다. 큰일을 하려면 자기 식대로 해야 한다. 자신의 역사, 자신의 과거가 오늘과 내일에 울림을 가질 수 있도록.

수용의 시간과 행동의 시간을 분리하긴 했지만, 그 둘이 딱 떨어지는 것은 아니다. 베르그송의 동시성 개념을 더 충실하게 적용하자면, 충만하게 경험하는 수용의 시간이 곧 행동의 시간이다. 아버지의 아들이라는 정체성을 온전히 받아들이고 해방의 힘을 끌어내자 빵집 아들의 행동력은 배가되었다. 에리봉 역시 《랭스로 되돌아가다》를 쓰는 행동 자체를 통해 과거를 수용했으리라.

◇

물려받은 것에 우리 자신을
열어놓을 때 새로운 창조의 발판을 발견한다.
큰일을 하려면 자기 식대로 해야 한다.
자신의 역사, 자신의 과거가
오늘과 내일에 울림을 가질 수 있도록.

즐라탄 이브라히모비치의
'창조적 재연'

나는 베르그송을 20년 가까이 읽고서야 창조적 재연이라는 이론의 살아 있는 예를 내 눈으로 보게 되었다.

난생처음 축구 경기를 보러 갔다. 그때 우리 아들이 열 살이 었나, 하여간 아들 생일을 기념해 축구장에 데려가 주기로 했던 날이었다. 나는 평생 축구에 관심이 없었다. 파르크 데 프랑스에서 파리 생제르맹 FC 대 SC 바스티아의 경기를 직접 본 그날까지, 축구 선수들의 경기력에 감명받은 적은 한 번도 없었다. 하지만 그날의 특별한 사건으로 사정이 바뀌었다.

우리는 SC 바스티아의 페널티 구역 쪽에 앉아 있었다. 경기가 시작된 지 10분도 안 돼 파리 생제르맹의 맹공이 이어졌다. 몇 번의 패스 이후 수비수 뤼카가 정면으로 찬 공을 옹장다가 걷어냈다. 공이 골문 앞에 수직으로 떨어졌다. 두 명의 수비수에게 둘러싸여 있던 즐라탄 이브라히모비치가 발뒤꿈치로 자신과 바스티아 수비수 모데스토의 뒤쪽으로 슛을 날렸고 골키퍼 랑드로는 손도 못 쓰고 어이없이 골을 먹었다. 궁극의 기술과 아름다움이 절묘하게 어우러진 골이었다. 마치 오래 수련한 무도인의 몸놀림 같기도 했다. 즐라탄은 모두가 멍해 있을 때 자기에게만 공이 슬로모션으로 보이는 것처럼 궤적을 파악하고 황당하리만치 쉽고 잽싸게 슛을 날렸다. 모든 관중이 자리를 박차고 일어났다. 즐라탄도 기뻐 뛰었다. 나는 순간적으로 축구의 아름다움에 사로잡혔을 뿐 아니라 거기서 순수한 베르그송적 몸짓을 보았다.

내가 발견한 진실은 단순한 몸짓 하나도 자기가 하는 일에 몰두한다는 조건에서는 개인사 전체를 종합할 수도 있다는 것이었다. 과거를 온전히 끌어안고 삶의 여정 전체로 지금 이 순간을 살지 않고는 그러한 경지에 결코 도달할 수 없다.

즐라탄은 규칙에 얽매이는 사람이 아니라고 알려져 있다. 그는 축구 못지않게 태권도를 사랑하고 그 두 종목에서 분석보다 본능에 더 의지한다. 어쩌면 그러한 특징은 빠르게 반응할 줄 알아야 했던 로젠가르트에서의 어린 시절에 습득한 것인지도 모른다. 축구장과 체육관에서 훈련, 실전, 연습으로 보낸 시간은 자신의 감을 믿어도 좋다는 자신감을 주었을 것이다.

그 동작 속에, 그 발뒤꿈치 슛에 모든 배움, 모든 과거가 집약되어 있었고 그로써 즐라탄은 전설적인 미래에 자신을 투사할 수 있었다. 축구 기술로 이뤄낸 그 골은 창조적 재연이라는 베르그송의 개념을 멋지게 보여주는 단적인 이미지였다.

하나의 몸짓이 시각적 힘만 지니는 게 아니라 그 몸짓을 가능하게 한 복잡한 상기 과정을 설명하기도 한다. 그러한 결과가 나오기까지는 세 가지 장기기억이 동원되고 협력했을 것이다. 일화기억은 당연하거니와(과거에 시도했던 비슷한 동작들에 대한 기억) 의미기억(즐라탄이 축구, 시련, 삶에 대해서 가지고 있는 생각, 요컨대 그에게 힘을 불어넣는 가치들), 절차기억(수많은 훈련)이 여기에 관여한다.

"그렇다, 나는 우리가 살아온 생이 아주 상세한 부분까지 기억에 보존된다고 믿는다. 우리는 아무것도 잊지 않는다." 베르그송이 《창조적 에너지》에서 한 말이 여기에서 의미를 찾는다.

그렇다. 즐라탄이 발뒤꿈치 슛으로 기술의 정점을 보여준 순간, 그가 살아온 생이 거기 다 종합되어 있었다. 그는 상대편의 골문을 향해 자신의 과거를 힘차게 쏘았다.

자유를 바라보는
새로운 시각

창조적 재연 개념은 베르그송이 자유를 독창적으로 정의하도록 이끌었다. 베르그송의 자유는 제약의 부재가 아니라 제약 속에서도 자기 자신으로서 존재하는 방식이다. 자유롭다는 것은 과거가 없다거나 과거와 연을 끊었다는 것이 아니라 과거를 제대로 취하는 방식을 찾아 미래를 건설하는 것이다.

《의식에 직접적으로 주어진 것에 관한 시론》에서 베르그송은 이렇게 쓴다. "행동이 우리의 온전한 인격에서 나오고 인격을 표현할 때, 예술가와 작품 사이에서 이따금 보이는 정의할 수 없는 닮음이 우리의 행동과 인격 사이에도 있을 때, 우리는 자유롭다."

자유의 문제를 이런 식으로 제기하는 경우는 드물다. 우리는 자유를 선택의 문제로 생각하곤 한다. 자기 직업을 비판적으로 보게 된 빵집 아들이나 젊은 날의 디디에 에리봉처럼, 우리가 우리 삶을 잘 '선택'한 것인지 의문이 들 때가 있다. 그렇지만 우리의 선택을 좌우하는 것은 사회적 계급, 초기의 경제적 형편, 그리고 모종의 우연일 것이다. 따라서 자유를 인격과 연관 짓는 접근은 다소 생소하다. 하지만 그렇기 때문에 베르그송의 제안은 흥미롭고 의미가 있다. 이 단순하고도 강력한 질문은 의미심장하다.

우리의 행동은 우리를 닮았는가? 우리를 닮은 행동이 우리가 경험한 바에 소급적 통일성을 부여하는가?

자유로운 행동은 '의식적'이고 의도적으로 숙고된 선택 그 이상이다. 우리를 그렇게 행동하게 만든 원인, 변수, 영향력의 복잡한 전체가 무엇이든 간에, 우리의 행위는 거기에서 우리 자신을 '재발견'할 수 있기 때문에 자유롭다. 마치 삶 전체가 우리를 그 지점으로, 그러한 의사결정으로 이끈 것처럼 우리의 정체성이 거기에서 드러난다. 게다가 행동은 지금까지의 여정을 새롭게 조명하고 의미를 부여한다.

문제를 이런 식으로 제기해보면 삶의 방향을 잡거나 진정 자유로운 삶으로 나아가는 데 도움이 될 것이다. 즐라탄의 묘기는 축구의 경기 규칙이나 물리학의 법칙에서 벗어나 있지 않다. 하지만 그가 성공시킨 골이 그를 닮았고, 그의 모든 경험을 종합하고 있기에 그는 자유롭다.

가업을 이어받은 그 남자도 결정적 계기가 되었던 순간을 이렇게 설명했다. "나는 '아버지 같은' 빵집 주인은 되지 않을 거야. '내 식대로' 가업을 이을 거라고." 그러자 자신의 유산을 끊어낼 필요가 전혀 없다는 것을 깨달았다. 아니, 그의 프로젝트를 자유로이 전개하려면 오히려 그 유산을 확실히 자기 것으로 삼아야 했다.

나는 의사인 어머니와 독극물 전문가인 약학자 아버지 사이에서 태어나 의료와는 무관한 철학 교사이자 작가가 되었지만, 나의 유산과 그렇게 단절되어 있다고 생각하지 않는다. 아주 어릴 때부터 어머니가 왜 그토록 자기 일을 사랑하는지 이해했다. 어머니는 아픈 사람들에게 귀 기울이고 그들을 치료해주는 일에서 더없이 고귀한 의미를 찾았다. 자신의 직업에서 스스로 납득할 만한 의미를 찾지 못하면 불가피한 업무의 반복과 일상에 싹트는 권태를 금세 참을 수 없게 된다는 것을, 나는 어머니를 보며 일찌감치 깨달았다.

어머니는 일터에서 장시간 근무하셨고 때로는 점심도 건너뛰며 환자를 돌보셨다. 가끔 녹초가 되긴 했지만 내가 보기에 어머니는 의료라는 일 자체를 무척 사랑하는 듯 보였다. 참다운 소명이 어머니에게 모든 것을 뛰어넘을 힘을 불어넣었다.

어머니는 열세 살 때 악셀 문테의 《산 미켈레 이야기*The Story of San Michele*》를 읽고서 당신이 의사가 되리라는 것을 알았다고 했다. 파리의 성공한 의사가 가난한 자들을 돌보기 위해 카프리섬에 진료소를 차리는 내용을 담은 그 책을 읽고서 마음에 타오른 불꽃은 그 후 영영 꺼지지 않았다.

어머니의 본보기는 내게 시사하는 바가 있었다. 우리가 몸담은 직업 자체가 중요한 게 아니라 그 직업이 우리 삶에 주는 의미가 중요하다는 것을 알았다. 그런 의미가 있으면 그날이 그날 같은 반복조차 우리를 압도하지 못한다. 오히려 의미에 이바지하는 반복이 아름다움으로 다가올 것이다. 철학 교사로 재직하던 시절, 고등학교 교실에서 매일매일 경험해봐서 나는 안다. 철학을 가르친다는 소명, 나의 수업 방식까지도 나는 천생 의사였던 내 어머니의 아들이었다.

아버지의 본보기도 마찬가지다. 아버지는 평생 발전할 수 있고 배울 수 있는 일을 하는 게 중요하다고 언제나 말씀하셨다. 그저 묵묵히 해나갈 뿐인데도 점점 성장하고 전문성을 얻을 수 있는 일이라면 권태에 빠지지 않고 열정을 간직하기에 그보다 더 좋은 것이 없다고 말이다.

내가 철학 교사 겸 작가가 되고 싶다고 했을 때 아버지는 깜짝 놀라셨다. 내가 고액 연봉을 받던 회사를 그만두고 프랑스 북부 캉브레의 페늘롱 고등학교 교사로 부임했을 때는 걱정도 좀 하셨던 것 같다. 그래도 아버지는 자기 소신에 충실한 사람이었다. 아버지는 선택은 당연히 내가 하는 거라고, 그 길에서 점차 더 발전하는 삶을 찾을 수 있고 인정을 받을 수 있다면 내 선택을 지지한다고 말씀하셨다. 아버지가 실제로 자기 분야에서 평생 그렇게 일했다는 것을 알기에 그 말씀이 내게 더 큰 울림이 있었다. 아버지는 독극물 분석의 새로운 형식을 개발한 연구자이자 그 분야에서는 우리나라에서 손꼽는 전문가였다.

그렇게 훌륭한 본보기가 있었기에, 작가이자 교사의 삶을 선택한 그날부터 늘 새로운 책 읽기를 게을리하지 않았고 예상치 않았던 만남에도 나를 열어두었다. 나는 제자들이나 독자들에게 내가 기대했던 것보다 훨씬 더 인정받기도 했다. 여태껏 의사나 약학자가 되고 싶었던 적은 없거니와 과학 쪽으로는 어떤 소질도 보이지 않았다. 비록 결과적으로 부모님과 전혀 다른 직업을 택했지만, 나는 부모님의 유산을 온전히 물려받아 다른 직업, 다른 열정, 다른 세계에서 내 식으로 구현을 하고 있다고 믿어 의심치 않는다.

'거리 두기'가
알려주는 것

따라서 우리를 구성한 것을 잘 받아들여 우리의 유일성을 표현하는 방향으로 우리의 유산을 우리 것으로 삼아야 한다. 이미 있는 것과 싸우기를 멈추면, 거기에서 해방되어 우리 자신이 될 수 있다. 하지만 그러기 위해서는 한 발짝 옆으로 물러나야 할 때가 많다. 일종의 '거리 두기'가 역설적으로 우리를 우리의 유산에 한층 더 다가가 가장 실한 열매를 거두게 한다.

이 옆발 내딛기는 다양한 모양새를 취할 수 있다. '빵집 주인'이라는 동일한 직업을 수행하는 다른 방식일 수도 있고, 디디에 에리봉의 경우처럼 비판적 거리 두기일 수도 있으며, 나처럼 직업 전환으로 할 수도 있고, 실제로 지리적 거리 두기가 되기도 한다. 원칙은 언제나 체로 거르기다. 유산을 체에 걸러 남는 것, 본질적인 것만 가져가면 된다. 옆발 내딛기는 이 근본적인 부분의 진가를 깨닫게 해준다.

삼 대째 다양한 스포츠 분야에서 빼어난 선수들을 배출하고 있는 노아 집안을 살펴보자. 자샤리 노아는 1961년 쿠프 드 프랑스 우승에 빛나는 축구 선수이고, 그의 아들 야니크 노아는 1983년 롤랑 가로스에서 우승한 테니스 선수다. 야니크 노아의 아들 조아킴 노아는 시카고 불스와 뉴욕 닉스에서 뛰었던 농구 선수로, 2014년 NBA 최고의 수비수로 뽑힐 정도로 기량이 뛰어났다. 그들은 저마다 자기 분야에서 큰 성공을 거두었고 자기만의 태도로 삶을 살았다.

세 사람은 자기만의 방식으로 가문의 공통 유산—스포츠에 대한 사랑, 승부욕, "한계는 없다" 문화, 유전적 자질 등—에 이바지했다. 하지만 그 유산을 빛내기 위해서는 매번 그들 나름의 옆발 내딛기, 이를테면 종목 전환이나 지리적 거리 두기가 필요했다.

야니크 노아는 열두 살 때부터 고향인 카메룬을 떠나 니스의 파르크앵페리알 고등학교에서 테니스 수업을 받았다. 조아킴 역시 거의 비슷한 나이에 부모를 떠나 세계 최고의 농구 선수들이 자웅을 겨루는 미국으로 건너갔다. 외국행을 선택했기 때문에 조아킴은 1978년도 미스 스웨덴 세실리아 로드와 프랑스인이 가장 좋아하는 인물 야니크 노아의 아들이라는 꼬리표를 뗄 수 있었다. 야니크 노아가 누구인가. 오픈 시대에 연승 가도를 달렸던 유일한 프랑스인, 감독으로서 데이비스컵 우승을 이끈 명장, 심지어 가수로 변신해서도 엄청난 성공을 거둔 인물이 아닌가.

과거와 함께 살기 위해서는 때때로 거리를 두고 새로운 지평에 다가갈 수 있어야 한다. 우리를 우리의 역사, 아무개의 아들이나 딸로만 보는 타자들이 더러 있기에. 역설적이게도 그렇게 돌아가는 길이 때로는 가장 짧은 길이다.

대서양을 건너가서도 쉬지 않고 슛을 쏘아대던 조아킴 노아는 수십 년 전 몇 시간이고 지칠 줄 모르고 혼자 서비스를 연습하던 소년과 똑 닮아 있었다. 야니크 노아는 1983년 롤랑 가로스 결승에서 세계 랭킹 1위 자리를 지키던 매츠 빌랜더를 상대로 승리를 확정하자마자 아버지의 품으로 달려갔다. "아빠!" 그것이 기쁨을 표현한 야니크의 첫마디였다.

그는 자신이 아버지에게 물려받은 것을 잘 알고 있었다. 그 점이 그가 누릴 자격이 있는 영광을 티끌이나마 흐리게 하지는 못했다. 그는 노아라는 집안의 과거가 자신을 얼마나 지탱해주었는지 알았지만 그 과거를 지고 세계 최고의 선수권까지 온 것은 다름 아닌 야니크 그 자신이었다.

빵집 아들은 파리에 상경하고 나서야 자신이 아버지의 가치관을 얼마나 소중히 여기는지 가늠할 수 있었다. 디디에 에리봉은 자신의 출신 문화를 냉정하게 비판했지만 세월이 흐른 후 고향 랭스 근교에서 멀리 떨어진 곳에서 노란 조끼 시위(2018년 유류세 인상 발표를 비롯한 프랑스 정부 정책에 항의하기 위해 시민들이 차에 의무적으로 비치하는 노란색 안전 조끼를 입고 시위를 하여 붙여진 명칭—옮긴이)나 파업에 멸시를 드러내는 부르주아들을 보았을 때는 격렬한 반감을 느꼈다. 마치 우리가 외국에 나가서야 그 어느 때보다 조국을 떠올리는 것처럼.

행동에서 얻는 쾌감만 한 나침반은 없다

베르그송은 자유가 어떤 종류의 제약에도 묶여 있지 않다는 환상이 아니라 제약과 영향력의 작용 속에서도 우리의 인격, 우리의 정체성을 실현하는 지극히 개인적인 결정과 행위로 표현된다고 보았다.

우리의 유산과 절연했다는 착각보다는 스스로 동의한 받아들임에 더 큰 자유가 있다. 그러나 유산을 수용하면서 온전히 자기 자신으로 존재하기란 말처럼 쉽지 않다. 무엇보다 자신의 목소리를 듣는 법을 배워야 한다. 우리 안에 울림을 주고 흥미를 자극하며 '붙잡고' 싶은 마음을 불러일으키는 것을 알아차릴 수 있어야 한다.

《사유와 운동》에서 베르그송은 우리가 우리와 잘 맞는 활동을 만나 새로운 표현의 장이 열리는 그 순간을 가리켜 "내적 삶의 지속되는 선율"이라는 멋진 표현을 썼다. 그런 순간에는 마치 우리 안의 선율을 들은 것 같다. "변함없이 고정된 기층基層이나 그 기층 위에서 나타나고 사라지는 다양한 상태들이 있는 게 아니다. 무대 위의 배우들처럼 단지 우리 내적 삶의 지속되는 선율이 있을 뿐이다. 그 선율은 우리 의식의 시초부터 최후까지 계속되었고 계속될 것이다. 우리의 인격이 바로 그것이다."

우리의 인격을 온전히 표현하기 위해서는 이 "내적 삶의 선율"을 찾아야 한다고 베르그송은 말한다. 장 뒤뷔페나 파블로 피카소 같은 예술가들은 시대별로 작풍이 달라진다. 한편, 파트릭 모디아노처럼 하나의 주제를 중심으로 계속 다른 책을 쓰면서 전작全作을 만드는 작가도 있다. 하지만 그들은 모두 자신의 인격을 이끄는 그 선율을 포착하기 위해 귀를 곤두세운다. 베르그송은 비단 예술가가 아니더라도 누구에게나 자기만의 선율이 있다고 힘주어 말한다. 비록 세상의 소음, 사회와 가정의 야단법석에 묻혀 그 선율이 잘 들리지 않을지라도 말이다. 한데, 그 선율을 어떻게 알아차릴 것인가? 우리의 행동이 우리를 "닮을" 만큼 진정으로 우리 자신을 표현하는 때를 어떻게 알 수 있을까?

베르그송이 제시하는 대답은 당황스러우리만치 단순하다. 행동에서 느끼는 쾌감이 우리의 성향을 알려준다. 어떤 활동은 행복이나 만족감으로 우리에게 울림을 준다. 내가 이런 일을 하면 나를 실현하고 표현할 수 있겠구나, "내적 삶의 지속되는 선율"을 들을 수 있겠구나, 라고 알 수 있다. 일이 재미있으면 고난과 저항을 이겨낼 수 있다. 행동에서 얻는 쾌감만큼 확실한 나침반은 없다.

나 역시 소르본 대학교에서 철학을 배울 때 그런 차원의 쾌감을 경험한 기억이 있다. 나는 원래 국립정치학교에 다녔다. 법, 경제, 역사도 흥미롭긴 했지만 배움의 기쁨까지 느끼지는 못했다. 경영대학원에 가서는 그나마도 흥미를 잃어 다 지루하고 의미 없이 느껴졌다. 거긴 내 자리가 아니었다. 그러다 철학과 학부에 나가면서 사정이 바뀌었다. 매주 일요일 오전 8시부터 오후 2시까지 논문 쓰기 연습을 하면서 이게 나한테 맞는 공부임을 절감했다. 일요일 아침 댓바람부터 장장 여섯 시간을 한 가지 주제로 논술하는 일이 왜 그리 즐거웠을까.

◇

어떤 활동은 행복이나 만족감으로

우리에게 울림을 준다.

일이 재미있으면 고난과 저항을 이겨낼 수 있다.

행동에서 얻는 쾌감만큼 확실한 나침반은 없다.

어떤 주제는 아무리 잘 써보려 해도 안 풀렸고, 때로는 이해를 전혀 못한 데다가 점수도 형편없었다. 하지만 나는 장시간에 걸쳐 철학적으로 사유하는 일이 좋았다. 모두가 잠든 일요일 새벽에 파리의 거의 반대편 끝에 있는 소르본까지 가는 것도, 흥분 속에서 발견한 주제를 붙잡고 씨름하는 것도. 하나의 주제를 요리조리 돌려보고 뜯어보는 것도, 논점을 찾고 개요를 세우는 것도, 마침내 글을 쓰기 시작하고 논증을 전개하는 것도. 그렇게 사유와 글쓰기에 푹 빠져 있으면 눈 깜짝할 사이에 시간이 훌쩍 지나가 있었다. 삭막하기 그지없는 데다가 겨울에는 엄청나게 춥기까지 한 소르본 대형 강의실에서 추위도 잊었다. 나는 내 길을 찾았고 이제 나를 실현할 터였다.

소르본에서의 일요일 오전을 떠올리면 베르그송이 "내적 삶의 지속되는 선율"이라는 표현을 통해 어떤 의미를 전하고 싶었는지 알 것 같다. 그렇다. 그 일요일 아침마다 내 안에 울리던 은은한 음악, 그게 '나'였다. 나의 내적 삶이 전개되고, 나의 역량이 발전하고, 진정한 자아가 수줍게, 하지만 충분하게 표현되고 있었다. 내가 교사로서 고등학교 졸업반 수업에 처음 들어갔던 때의 기억도 마찬가지다. 떨리고 주저하고 심지어 말을 약간 더듬거리면서도 그 자리에 서 있다는 사실이 무척이나 기뻤다. 제대로 왔구나, "일치를 이루고" 있구나, 라는 느낌이 들었다. 그런 쾌감은 절대로 거짓말을 하지 않는다.

자기가 하는 일에서 얻는 쾌감은 창조적 재연의 길을 알려
주는 나침반이요, 자유의 길을 가리키는 표지다.

유산을 받아들이되
자기 것으로 만들기

나는 내가 물려받은 것이지만 단지 그것만은 아니다. 이 명
제는 명백한 단순성으로 피해자의 위상을 규명한다. 우리가 아무
리 큰 비극을 겪었더라도, 그래서 피해자로 규정될지라도 우리는
단지 그 사건에 의해서만 규정되는 존재는 아니다. '…의 피해자'라
는 위상은 우리의 본질이나 정체성이 아니요, 어떤 우연한 사태에
불과하다. 이러한 사유가 시몬 베유가 이룩한 모든 것, 자서전《나,
시몬 베유》[2]를 비롯한 모든 글, 사회 및 정치 투쟁 전체의 중심을 차
지한다.

베유는 열여섯 살에 아우슈비츠 수용소에 끌려갔고 나치의
만행에 부모님과 오빠를 잃었지만 자신이 그러한 경험으로 규정되
도록, 두려움이 자신의 본질을 잠식하도록 내버려두지 않았다. 그
렇게 되면 어떤 면에서 가해자들에게 승리를 안겨주는 셈이라고 생
각했기 때문이다. 오히려 베유는 여성의 권리 시장, 유럽의 평화와
같이 자신이 중요하다고 믿는 가치를 위해 힘껏 싸웠다. 사법관이

되었고, 장관이 되었으며, 프랑스에서 임신중단 합법화를 이뤄냈고, 유럽의회 최초의 선출직 의장이 되었다.

생사가 달린 경험, 헤쳐온 역경, 잃어버린 사람들은 늘 그 여정에 함께했다. 베유는 그러한 경험이 자신의 투쟁과 가치관에 힘을 불어넣는다는 것을 의식했다. 절대로 자신이 수용소 생존 여성으로만 규정되도록 가만히 있지 않았다.

우리가 물려받은 것의 진가를 안다는 것은, 과거를 수동적으로 수용하거나 단순히 개인사로서 규정되는 일과 거리가 멀다. 베르그송의 창조적 재연 개념은 우리가 따라가야 할 길을 알려준다. 유산을 받아들이되 적극적으로 자신을 열고 그것을 자기 것으로 만들기. 그로써 우리는 '경쟁적 피해자 되기' 혹은 '기억 경쟁'이라고도 하는 현상에서 벗어난다.

극작가 샤를로트 델보도 수용소 생존자로서 과거의 감옥에서 벗어날 가능성을 자신의 방식대로 증언했다. 델보는 삼부작《아우슈비츠 그 후*Auschwitz et après*》[3]에서 수용소 생활 이후 일상으로의 복귀가 얼마나 밋밋한 느낌이었는지 털어놓는다. 사실 아우슈비츠에서는 극단적 상황의 연속이었다. 악행, 추위, 굶주림은 극악이었다. 그러나 아무것도 남지 않은 이들의 변치 않는 우정, 연대, 너그러움도 한이 없었다. 가해자는 가해자로만 보면 비열했고 피해자는 피해자로만 보면 무력했지만, 친절한 행동은 또 한없이 친절했다. 수용소 생활이라는 지옥에도 자잘한 일상의 기적들이, 진실하고 웅숭깊은 인간미의 순간들이 있었다. 자기 목숨도 위태로운 친구가 나눠준 수프, 누군가가 소매 안에 감춰둔 몰리에르의 《인간혐오자》, 구름 사이를 뚫고 비치며 어둠 속을 조금이나마 밝혀준 한 줄기 햇살….

소설가 낸시 휴스턴은 샤를로트 델보의 작품을 직접 언급하면서 수용소 생활의 역설적 측면에 대해 이렇게 쓴다. "수용소 경험의 아찔한 역설. 그 경험에서 빠져나오면, 노스탤지어를 자극하는 순간을 만난다. 새로운 사람을 만날 때마다 이런 의문이 들지 않을 수 없다. 저 여자가 내게 손을 내밀어줄까? 내게 빵을 나눠줄 만한 사람일까? 우리를 싣고 가는 호송대를 본다면 외면하지 않을 사람인가? 수용소 이후에는 이전과 같은 방식으로 세상을 바라보는 것이 불가능했다."[1]

그러한 "노스탤지어"가 함정처럼 수용소 생존자를 가둬버릴 수 있다. 공감, 너그러움, 용기가 수용소 밖에서는 실체도 없이 사라진 것 같다. 현재는 지독히 끔찍한 과거 앞에서 풍미를 잃어버리고 만다. 델보를 위시한 수용소 여성 생존자들의 증언집 《우리의 나날들*Mesure de nos jours*》을 보면 그들은 수용소의 삶을 유일한 "진짜 삶"으로 여긴다. 그들은 살아남았지만 여전히 과거에 매여 있었다. 델보는 끝내 그 "노스탤지어"를 치유하고 수용소 경험의 극단적 감정에서 빠져나와 다시 현재를 살 수 있게 되었다. 휴스턴은 그녀가 "극한의 진실이 삶의 진실은 아니라는" 것을 이해했다고 말한다. 그제야 비로소 현재의 기쁨에, 소박하면서도 은은한 기쁨이 있는 '정상적인' 삶에, 이른바 "평범한 사람들의 아름다움에" 자신을 열어놓을 수 있었다.

델보는 그렇게 자신을 구축했고, 진짜 삶을 정의하는 법을 배웠다. 수용소의 삶을 기준으로 삼지 않고, 적어도 어디서나 그 삶에 짓눌리지 않는 법을. 그렇지만 자신이 겪은 일을 무엇 하나 숨기지 않았다. 전쟁 이전에, 레지스탕스로 체포되기 전에 삶을 얼마나 사랑했는지도 잊지 않았다. 그때 델보는 소르본 대학교 철학과 학생이었고 청년공산당원이자 위대한 연극인 루이 주베의 비서였다.

"그녀는 고급 향수에 환장했고, 값비싼 외투를 맞춰 입었으며, 미식과 보르도산 고급 포도주를 사랑했다. [⋯] 샤를로트 델보는 매일 저녁 생트주느비에브산이 보이는 작은 아파트에서 혼자 저녁을 먹으면서 반병짜리 뵈브클리코를 따서 인생에 축배를 들었다." 세상의 아름다움과 자질구레한 즐거움을 그녀에게서 박탈하려 했던 나치에게 복수하기 위해서, 무엇보다 아름다움 그 자체를, 삶에 의미를 부여하는 크고 작은 일들을 기리기 위해서.

생의 약동,
미래를 향한 맹세

창조적 재연의 철학은 모종의 형이상학을 바탕으로 한다. 베르그송이 생각하는 삶은 "생의 약동", 근본적으로 창조적인 힘이다. 그 힘이 생명체 자체에서, 살아 있는 모든 것에서 펄떡거린다.

변해가는 세상 안에서 모든 형태의 생명은 독특하고 완전히 예측 불가능한 창조물이다. 생명은 생의 창조적 성향을 특정한 형태로 발전시킨다. 생은 벽을 타고 자라는 담쟁이덩굴처럼, 홀로 수십 마리 양을 인솔하는 양치기 개처럼, 끊임없이 자기 자신을 발명한다. 우리가 때때로 발휘하는 담대함이나 창의성을 통해서, 위대한 예술가와 학자 들의 재능을 통해서. 생이 지닌 그 힘은, 다양한 양상으로 표현될 수 있지만 언제나 동일한 생을 표현한다.

베르그송은 《창조적 진화》에서 생을 "예측할 수 없는 새로움의 지속적 창조"라고 정의했다. 이렇듯 우리는 모두 유일한 생의 약동에서 나왔다. 우리의 인격은 그 약동의 흔적을 담고 있다. 그 약동이 뻗어나온 갈래, 일종의 특수화다. 생의 약동은 우리 한 사람 한 사람으로 특수화되기에 우리는 그런 의미에서 모두 그 생의 일부다. 베르그송이 '신적'이라고 말했던 그 형이상학적 힘의 일부인 것이다.

우리의 인격은 과거의 산물 그 이상이다. 베르그송이 《창조적 진화》에 썼던 대로, "태어나서부터 지금까지 경험한 역사의 응축" 그 이상이다. 인격은 우리의 정체성인데, 미래를 향해 우리로 하여금 행동하고 창조하도록 이끄는 생의 힘이 가로지른다. 창조적 재연을 통하여 우리는 우리의 인격을 표현한다. 그로써 우리는 미래로 도약하는 유일무이한 개인으로서 자신을 실현한다.

그렇지만 생의 힘에 참여하고 "예측할 수 없는 새로움의 지속적 창조"에 이바지하려면 새로움이 들어설 수 있도록 쉬운 반복을 멀리하고 우리 수준에서 창조적인 삶을 살아야 한다. 그러면 우리 안에서, 우리의 인격 자체로, 언제나 자신을 재창조하며 속박에서 벗어나는 그 생의 힘이 펼쳐지는 것을 느낄 수 있다. 그 약동이 우리 존재, 우리 본질의 일부가 된다. 살아 있는 한 그 약동을 잃을 수는 없다. 하지만 때로는 일상에 갇혀 변화에 저항하고, 즉흥성에 둔감해지고, 실존적 선택의 순간을 피하거나 미룸으로써 약동에서 단절되는 때가 있기 마련이다. 뿐만 아니라, 우리가 과거와 단절해도 그 힘과 단절된다. 기실 생의 힘은 "예측할 수 없는 새로움의 지속적 창조"이므로 연속적으로 표현되기 때문이다.

예를 들어 새로운 연애를 시작한다 치자. 새로운 사람이 되어야겠다고, 새로움을 수용하고 실험하고 변화를 모색해보겠다고 마음먹을 것이다. 그러지 않으면 활력과 창의성을 잃은 연애가 실패로 끝날 위험이 있으니까. 하지만 정반대의 극단 역시 위험하기는 마찬가지다. 우리 자신과 끊어진 채로, 이전의 삶이나 그 삶에 속한 사람들, 우리의 인격을 정초한 모든 것과 절연하고서 누군가와 새 출발을 할 수는 없다. 그랬다가는 또 다른 궁지에 몰리고 만다. 새로움이 선사하는 짜릿함이 가시고 나면, 어느새 우리를 따라잡은 과거와 만날 것이다. 우리는 우리의 과거와, 우리 자신과 다시 맺어지고 싶어질 것이다. 생의 움직임은 앞으로의 도피가 아니라, 지나온 길을 바탕으로 새로움을 만들어내야 하는 진화다.

우리가 생의 움직임에, 박동하고 끊임없이 표현되기를 열망하는 그 힘에 속하지 않는다면 과거는 훨씬 더 무겁게 드러날 것이다. 이 움직임, 미래를 향한 맹세가 없으면 우리의 과거사는 죽음처럼 무거워지고 우리를 짜부라트려 꼼짝 못 하게 할 것이다. 과거를 재연하되 그 방식이 전혀 창조적이지 않아도 마찬가지다. 그런 식의 재연은 우리를 물화된 이미지로 굳혀버린다. 그런 이미지와 우리를 동일시하면 재발명의 가능성은 전무하다. 우리는 끝내 자유를 잃고 말 것이다. '의사 아들', '빵집 아들', 혹은 '피해자'라는 위상에 갇혀버린 기분이 들 것이다.

우리가 미래로 나아갈 수 있고, 살아온 과거 전체를 창조적으로 재연할 수 있는 이유는 우리를 떠안은 생의 약동 덕분이다. 베르그송은 "과거 전체를 압축하여 미래를 창조하는 지속적인 전진의 움직임, 그것이 바로 사람의 본질적 천성이다"[5]라고 요약한다.

베르그송은 《도덕과 종교의 두 원천》에서 언뜻 보기에 다소 이상한 바람을 피력한다. "신을 만드는 기계인 우주의 본질적 기능이 우리의 요지부동인 행성에까지 실현되기를." 생의 약동이 우주에 생기를 불어넣기에 모든 생명은, 지극히 작은 것까지도 생의 약동을 실현하는 순간부터 신적인 생명이 된다. 여기서 베르그송 철학의 가장 깊은 뜻을 이해할 수 있다.

인격의 선율에 귀를 기울이고, 열렬하고 충만하게 과거의 상속자이자 미래의 설립자가 됨으로써 우리가 체험한 모든 경험을 다시 이해하여 미래로 나아가는 추진력으로 삼을 때, 그때야말로 우리는 그 자체로 신이 된다.

원동력이
되어주는 너그러움

베르그송은 우리가 그러한 형이상학적 힘, 생의 움직임을 접하면서 '결국에는' 과거를 창조적인 방식으로 재연할 수 있다고 말한다. 그리고 생의 약동이 창조성 속에서 표현되면 우리는 타자들을, 세계를, 미래를 향해 시선을 둘 수 있다. 생의 약동은 우리 몫의 책임과 너그러운 마음을 끌어낸다. 이렇듯 생의 약동은 탈중심적 힘이 된다. 우리보다 더 큰 생이 우리를 관통할 때, 그 생은 우리를 자기중심적 사고에서 벗어나게 하고, 우리의 역사가 우리 바깥에서 공명하게 한다.

우리 안에서 박동하는 생이 단지 우리만의 생은 아니고, 우리가 그저 고립된 개인들만은 아니라는 그 느낌은 썩 괜찮다. 우리는 어떤 전체에 속하며 서로 연대한다. 우리를 더 큰 이야기 속에 위치시키면 우리의 역사를 끌어안고 전진하기가 더 수월하다.

베르그송은 예술가와 학자 들을 생의 위대한 모델로 삼았다. 그들을 통해 특별한 힘으로 표현되는 생의 약동은 그들이 자기를 벗어나 더 높은 차원을, 개인으로서 인정받는 것 이상을—아름다움 혹은 진리를—추구하게 했다. 그들은 생이 자신을 관통하고 자신을 이용해 더 높은 차원을 추구한다는 것을, 자신은 그저 생의 쓰임을 받는다는 것을 의식했다. 그러한 기여에서 얻는 기쁨은 이기적인 만족보다 크다. 그들의 작업은 자신의 창조적 재연에 참여하면서 과거의 성공은 물론, 결실을 거두지 못한 과거의 노력과 연구까지 현재와 미래에 바치기에 기본적으로 너그럽다. 그러한 너그러움이 없다면 그들의 실패, 의심의 순간은 성공의 욕망에 기여하기보다 포기하고 싶을 만큼 힘겨울 것이다.

생의 움직임은 우리를 너그럽고 이타적인 존재로 만들어 자기중심적 사고에서 벗어나게 한다. 이처럼 너그러움은 과거와의 관계에 있어서, 수용의 시간에서 행동의 시간으로 넘어가는 데 있어서 결정적이다.

앞에서 보았듯이 샤를로트 델보나 시몬 베유는 수용소 생존자라는 과거를 안고도 살아갈 수 있었다. 그 이유는 그들의 글이 타자들을 향해 있었기 때문이다. 그들은 다른 사람들에게 증언하고 계속 이야기해야 한다고 믿었다. 그토록 끔찍한 일이 절대로 잊히면 안 되고, 반복되어서는 더욱더 안 되므로.

이 너그러움, 타자들을 생각하는 마음—타자들은 죽었지만 그들의 기억으로 되살아났고 그들의 글을 읽는 독자들의 의식을 일깨웠다—덕분에 그들은 과거 속에 살지 않고 과거와 함께 살며 미래를 도모할 수 있었다.

'전달'이라는 주제로 강연을 하던 날, 어느 젊은 여성과 한참 나누었던 토론이 기억난다. 그 여성의 어머니는 개인병원을 운영하는 외과의였다. 그녀는 자기도 의사가 되고 싶다는 생각에 오랫동안 붙들려 있었다. 하지만 정작 의대에 들어가고 보니 어머니의 전철을 그대로 밟는 기분을 참기 어려웠다. 그녀는 자신의 유산이 거북했다. 하지만 한편으로 프랑스 같은 소위 선진국에도 의료 사각지대가 존재한다는 사실을 알고 경악했고, 인턴 과정을 밟으면서 사회적이고 인간적인 차원의 일로써 얻는 보람이 자신에게 얼마나 소중한지 차츰 깨달았다. 그녀는 어머니 같은 전문의가 아니라 일반의가 되어 의료 낙후지역에 진료소를 열고 싶어졌다. 타자들에게 너그러이 마음을 쓰면서 자기에게서 벗어난 것이다.

의사가 없어서 목숨을 잃었던 사람들의 비극 앞에서 그녀의 개인사나 어머니와의 관계는 갑자기 부차적인 것이 되었다. 그녀는 쓸모 있는 존재가 되고 싶다는 욕망에서 힘을 얻었다. 자신의 계획을 잘 밀고 나가고, 자기 나름의 직업윤리를 수립하며, 가문의 유산을 자기 식으로 일궈나가고 싶다는 의욕이 잇따라 생겼다.

나아갈 방향을 알고 자신의 진심과 재주를 다하여 그곳으로 향하면 우리는 출신에 대한 고민으로 시간을 낭비할 일이 없다.

타자들에게 마음을 쓸 때, 아름다운 작품이나 세상에 관심을 기울일 때, 우리는 자기중심적 사고에서 벗어나 과거와 함께 잘 살 수 있고 그 과거를 안고 계속 나아갈 수 있다. 이게 안 되는 사람은 과거가 너무 버겁다. 과거에 짓눌리고 싶지 않다면, '나'라는 중심에서 벗어나 생의 역동성에 자신을 열어두는 것만큼 좋은 방법은 없다. 생은 우리를 우리 자신의 한계 너머로 데려간다는 점에서 본질적으로 너그럽다.[6]

이제 창조적 재연이라는, 과거와 함께 살기 위한 베르그송적 방법을 완전히 정의했다. 수용의 시간, 행동의 시간, 나침반이 되어주는 쾌감, 생의 움직임, 원동력이 되어주는 너그러움. 이것으로 정의는 끝났다.

7

과거에 개입하다

살다 보면 과거를 다른 눈으로 바라보고 기존의 생각을 수정하게 될 때가 있다. 어떤 만남이 새로운 관점을 열어주고 좀처럼 납득하지 못했던 누군가에게 되레 감정이 이입된다. '시간이 약'이라는 말에 절로 수긍이 간달까. 더욱이 한창 행복할 때는 삶의 기쁨이 돌아온 덕분에 더 그러하다. 그 이유를 늘 알진 못하지만, 문득 살아온 날들이 새롭게 보이고 어릴 때 몰랐던 것을 이해하게 되는 순간이 있다. 실패를 긍정적으로 재해석하고 자신이 겪었던 괴로움을 마침내 상대적으로 볼 수 있게 되는 순간이다. 그러면서 우리는 자연스럽게 편안해지고 홀가분해진다.

이미 보았듯이 모든 추억은 재구성이다. 우리는 과거를 결코 '있는 그대로' 받아들이지 못한다. 때로는 삶 자체가 지난날을, 우리 자신과 가까운 이들을 좀 더 다정한 눈빛으로 바라보도록 이끈다. 과거의 실패, 놓쳐버린 만남, 그동안의 개인사를 너그러이 생각할 수 있게 되는 것이다. 하지만 삶이 늘 과거를 사면하기에 충분한 조건을 제공하지는 않는다. 원한, 후회, 고통, 실망이 때로는 지독히도 질겨서 늘 같은 추억, 같은 비난, 같은 후회에 부딪히기도 한다. 과거의 감옥에서 나와 유연한 정신을 가지고 반복적 도식을 피하고 싶은데, 그게 잘 안 된다. 그러고 싶지 않은데 자꾸 되새김질하게 되는 과거가 있다.

이 장에서 설명하는 기법들은 대부분 '기억 재강화 치료'에서 나왔지만 혼자서도 충분히 과거에 개입할 수 있는 방법의 실마리를 던져준다(물론 극심한 트라우마로 남은 과거는 전문가의 도움을 받아 손을 써야 할 필요가 있다). 더욱이 이 기법들은 고대부터 있었던 철학적 연습들과도 무관하지 않다. 이러한 개입은 결국 기억에 결부된 감정이나 해석을 달리하는 것이기 때문이다.

추억과 결부된 삶의 암묵적 규칙 바꾸기

우리가 살펴볼 첫 번째 심리 요법은 과거를 재처리하여 유해성을 해제하는 것을 목적으로 한다. 이 요법[1]은 뒤에서 다룰 다른 두 기억 '재공고화' 요법과 마찬가지로 장기기억에서 끌어낸 추억을 작업기억에서 재처리한 다음에 장기기억으로 '되돌려' 보낸다. 더욱이 여기에는 기억의 작용에 대한—일화기억과 암묵적 의미기억이 해부학적으로 어떻게 나뉘어 있는가에 대한—최근의 연구가 반영되어 있다. 그 출발점은 이미 앞에서 언급한 바 있다. 우리는 일화기억 속의 추억을 지울 수 없지만 의미기억 속의 암묵적 규칙을 삭제하거나 재해석하여 과거에서 비롯된 거북한 '감정적 진실'을 없앨 수 있다.

추억 자체는 발목을 잡는 요소가 아니다. 우리의 전진을 방해하는 것은 과거의 경험을 바탕으로 구성된 세계관, 인생관, 혹은 자아관이다. 예를 들자면, 문제는 권위적인 아버지에 대한 분노의 기억이 아니라 우리가 거기에서 끌어낸 삶의 규칙이다. 그러한 아버지 밑에서 자라다 보니 누가 언성을 높이는 게 싫어서 어떻게든 모두를 만족시키려 무리하고, 정면충돌을 피하고, 누가 세게 나온다 싶으면 움츠러들고, 사소한 비판에도 자기 비하에 빠지는 사람이 되는 것이다.

소피 코테와 피에르 쿠지노[2]는 프랑스와 캐나다 퀘벡에서 기억 재공고화 전문가로 활동하고 있다. 그들은 공황발작, 불면증, 폭식증으로 고생하는 여성 내담자의 사례를 소개한다. 이 내담자는 스스로 의식하지 못했지만 자존감이 현저히 낮았고 지나친 완벽주의의 징후도 보였다. 과호흡, 홍통, 과도한 발한 등의 공황발작 징후들은 항상 그녀가 자기를 믿지 못할 때, 특히 어떤 일을 완벽하게 해내거나 마감을 지킬 자신이 없을 때 나타났다. 그럴 때면 이 내담자는 너무 두려워 쩔쩔매고 일을 효율적으로 해내지 못했다.

그녀는 공황발작이 일어나면 어떤 느낌이 드는지 자세히 기술해야 했다. 극단의 스트레스가 일으키는 생리적 반응을 자세히 관찰하되 그것들을 해석하지 않고 그 상태만 정확하게 기술하려고 노력했다. 그러면 심리치료사는 그 느낌을 비슷한 반응을 불러일으키는 다른 장면들과 연결했다.

코테는 내담자에게 과거를 떠올려보도록 했다. 내담자는 어릴 때도 성적이 별로라든가 받아쓰기나 시험에서 실수를 했다는 이유로 아버지가 고함을 지르면 비지땀이 나고 심장이 미친 듯이 뛰었다. 아버지는 아주 권위적이고 위압적인 사람이었다. 그러한 과거의 일화는 고통스러운 것이 분명했으나 코테의 관심은 다른 데에 있었다. 그녀는 의미기억으로부터 끌어낸 삶의 규칙에 주목했다. 그리고 고전적 정신분석에서와는 달리, 내담자가 그 삶의 규칙을 명시적으로 파악하고 직접 글로 쓰게 했다.

내담자는 이렇게 썼다. "나는 흠잡을 데 없이 완벽해야 해. 그러지 않으면 존중받을 수도, 사랑받을 수도 없어."

기억 재공고화 치료는 체험한 일화와 거기에서 유추한 규칙의 관계를 깨뜨리고자 한다. 코테는 그러기 위해 그 규칙에 정면으로 모순되는 내담자의 다른 경험을 일깨웠다. 그로써 규칙이 근본적으로 잘못되었음을, 혹은 잘못되진 않았지만 어쨌든 지나치다는 것을 지적했다.

내담자는 자신이 존경하는 상사와 관련된 기억을 떠올렸다. 그 여성 상사는 효율성, 여유로운 태도, 카리스마의 본보기였다. 하지만 내담자는 상사가 프레젠테이션에서 실수를 했는데도 아무도 지적하지 않고 깐깐하게 굴지 않았던 일화를 지나가는 말처럼 언급했다.

다들 그 여성 상사가 한 말을 주의 깊게 경청했다. 코테는 내담자가 그 사건을 더 자세하게 묘사하도록 격려하면서 그녀가 스스로 부여한 극단적 목표와 그녀가 존경해 마지않던 여성 상사의 실수라는 현실 사이의 모순을 알아차리도록 했다. 상사가 웃으면서 자기가 착각했다고 말할 때, 그녀는 어느 때보다 카리스마 넘치지 않았던가? 이후 코테는 내담자에게 알림장에 단어 하나를 빼먹고 썼다는 이유로 따귀를 맞지 않을까 벌벌 떨었던 어린 시절의 일화를 일깨웠다. 그다음에는 종이에 써놓은 삶의 규칙을 소리 내어 읽어보라고 했다. "나는 흠잡을 데 없이 완벽해야 해. 그러지 않으면 존중받을 수도, 사랑받을 수도 없어."

그 규칙은 아버지와의 상황에 적용할 때는 맞을지 몰라도 상사의 일화에 비춰보건대 모든 상황에 유효하지는 않았다. 규칙을 일반화하거나 맹목적으로 적용할 이유는 아무것도 없다. 사소한 일에 버럭 화를 내던 아버지에 대한 불쾌한 기억은 재공고화되었다. 이 기억은 장기기억으로 되돌아갔지만 이제 의미기억 속의 지나치게 경직된 삶의 규칙과는 분리되었다. 어떤 치료는 의미기억의 규칙을 수정하거나 아예 뿌리 뽑는 수준까지 가능케 한다. 그러면 더이상 과거의 고통스러운 일화들이 현재를 방해하지 않는다.

추억의 의미는 뉴런이나 시냅스에 새겨져 있지 않으므로 과거와 더불어 잘 살아보고 싶은 사람은 얼마든지 그럴 수 있다. 추억에 개입하여 또 다른 삶의 규칙, 또 다른 감정적 진실을 끌어낼 수있다는 것, 다시 말해 과거를 다르게 살 수 있다는 것이야말로 기억재공고화 방법에 의해 드러나는 뇌의 가소성이다.

기억 재공고화 치료를 대표하는 미국의 심리학자 브루스 에커[3]는 한마디로 "배웠던 것은 모두 잊힐 수 있다"고 말한다. 이미 고무적인 결과를 보여주고 있는 이 요법들이 성공을 약속할지는 두고봐야 알겠지만 한 가지만은 확실하다. 우리에겐 우리 뇌를 변화시킬 힘이 있으니 삶을 망치는 감정적 진실에 매여 살 필요가 없다. 패러다임을 바꾸면 된다. 과거는 어쩔 수 없는 게 아니라 더 잘 살아가기 위해 변화시킬 수 있는 것이다.

'기억 재공고화'의 창시자
스토아주의자

두 번째 재공고화 방법은 나쁜 추억을 '습관화habituation'하는 것이다. 이 방법은 고대의 지혜, 즉 스토아주의를 연상시킨다. 세네카, 에픽테토스, 마르쿠스 아우렐리우스는 이미 2000여 년 전에 평정심에 이르는 방법을 설파했다. 수시로 괴로운 기억에 대해서 명상을 하면 그 정서적 해악을 무화할 수 있다. 과거의 사건들을 반복적으로 성찰하면 그것들이 익숙해져서 안고 살아가기가 수월해진다. 이러한 철학적 접근은 우리가 추억에 결부한 의미에 개입하는 대신, 추억의 정서적 무게를 줄이고 비활성화한다. 스토아주의자들은 어떤 의미에서 '기억 재공고화'의 창시자들이라고 할 수 있다.

세네카는 동생과 사별한 폴리비우스에게 보낸 위로의 편지'에서 고인에 대한 추억이나 고통을 회피하지 말라고 권한다. 가까운 사람이 세상을 떠나면 그의 시신이나 죽기 직전 고생하던 모습보다는 한창 행복할 때 미소 짓던 얼굴을 기억하고 싶다. 하지만 어떻게 하는 게 좋을까? 스토아주의자들의 조언은 일견 직관을 거스르는 듯하지만 대단히 실용적이다. 그들은 오히려 고인이 가장 힘들어하던 모습, 혹은 단말마의 고통을 습관처럼 떠올려 그 참기 어려운 난폭성에 익숙해지라고 권한다. 사실 나쁜 기억을 피하려고만 하면 앞에서 보았듯이 반발 효과에 덜미를 잡히고 만다.

스토아주의자들은 나쁜 기억에서 회피하지 않기, 심지어 부정적 노출에도 좋은 점이 있음을 알았던 최초의 현자들이었다. 제일 두려운 것에 자신을 노출하고 정면으로 직시하여 그것과 함께 사는 데 익숙해지고 그것이 미칠 수 있는 부정적 감정의 영향에서

벗어나라. 이를테면 스토아주의자들은 죽음을 자주 생각하라고
했다. 자신에게나 가까운 이들에게 다가올 죽음을 가급적 자주 생
각하여 죽음이 친구, 동반자, 어쨌든 익숙한 것이 되도록 말이다.
미셸 드 몽테뉴는 스토아주의에서 영감을 얻어 《에세》 1권 20장에
서 자신은 "죽음을 늘 상상할 뿐 아니라 입에 달고 사는 데" 익숙하
고 "죽은 사람들에 대해서도 그들이 무슨 말을 하고, 어떤 얼굴과
태도를 보였는지 자진하여 알아본다"고 말한다.

　　두려움을 길들이기 위해 두려움의 대상에 익숙해지고자 하
는 이 연습을 우리는 힘들고 고통스러운 기억에 적용할 수 있다. 그
런 기억에서 도망쳐봐야 소용이 없으니 스토아주의의 가르침을 따
르고 수련할 만하지 않은가. 아픈 기억을 수시로 우리의 의식과 대
화하게 해보자. 이러한 명상이 과거와 우리의 관계를 바꿔놓는다.
　　연인이 바람을 피운다고 의심하던 차에 휴대전화 화면에 뜬
메시지를 보고 확인 사살을 당했다. 오랜 시간 열의를 다해 준비한
시험의 합격자 명단에 내 이름은 없다. 어디선가 걸려 온 전화를 받
았는데 건조한 목소리가 상상할 수도 없던 일을 전한다. 가까운 사
람이 죽었단다. 그 이미지들은 마치 어제 일처럼 우리 안에 아직도
생생하다. 아직도 그 일을 처음 당한 때처럼 가슴이 미어진다. 스토
아주의자들은 평온하게 살아가려면 우리가 바꿀 수 없는 것에 동
의해야 한다고 가르쳐준다. 그들은 과거와 함께 살기의 핵심을 이

해하고 있었다. 이미 일어난 일은 무를 수 없기에 우리는 자발적인 명상을 통해 그 일에 결부된 느낌을 바꿔야 한다.

세네카는 《인생의 짧음에 대하여》에서 인생을 세 시기로 나누었다. 우리가 현재 살아가고 있는 인생은 짧다는 것이 특징이다. 앞으로 살아갈 인생은 불확실하다는 특징이 있다. 그리고 이미 살아온 인생은 확실한 동시에 짧지도 않다.

세네카에 따르면 우리가 지나온 인생이 "진짜 삶"이다. 행복과 지혜는 지나온 삶의 "모든 부분을 측량하고" 그것과 더불어 잘 살아가는 능력에 달려 있다. 세네카는 뒤를 돌아볼 줄 모르는 사람은 충만하게 살았던 삶을 흘려보내는 셈이라고 말한다. 오로지 현재만 생각하는 사람은 매 순간이 과거에 합류하는 것을 보지 못한다. 프루스트가 《잃어버린 시간을 찾아서─되찾은 시간》에서 쓴 문장도 결국은 다르지 않다. "진정한 삶, 마침내 발견되고 밝혀진 삶, 따라서 우리가 진정으로 체험하는 유일한 삶은 바로 문학이다."

프루스트는 《잃어버린 시간을 찾아서》로 자신의 과거를 "밝혀내고" 우리 모두를 추억을 끌어내고 힘차게 되살려내도록 격려하는 자리에 초대한다.

스토아주의자들은 그 흘러간 시간을 떠올려보자고, 일어난 일에는 진심으로 동의하자고 권한다. 때로 세월의 흐름에 맡기는 것만으로도 기억은 차분해지고 그럭저럭 견딜 만해진다. 하지만 스토아주의자들은 삶을 더욱 적극적으로 취하고 우리 자신의 의식

◇

행복과 지혜는 지나온 삶의

"모든 부분을 측량하고"

그것과 더불어 잘 살아가는 능력에 달려 있다.

에 개입할 것을 제안한다. 스토아주의자들이 권하는 '회상 연습'은 과거라는 영화를 다시 돌려보되 음향을 조금씩 줄여나가는 것과 비슷할 것이다.

현대 과학은 스토아주의의 가르침을 공고히 한다. 앞에서도 살짝 언급했지만, 추억의 회상에는 해마와 편도체라는 두 부분이 동시에 관여한다. 이 두 부분은 모두 변연계에 있지만 동일한 위치에 있거나 같은 기능을 담당하지는 않는다. 해마는 사실을 기억한다. 요컨대, 일화기억에 관여하는 것이다. 편도체는 사실에 결부된 감정을 기억한다. 추억에 결부된 감정은 처음에는 강렬하다. 체험이 강하게 남을수록 기억도 뚜렷하고 감정이 격해진다. 하지만 그 추억을 일부러 반복 회상하면 추억과 감정의 연결고리가 점점 느슨해진다. 우리가 경험한 사실은 일화기억 속에 다시 자리를 잡으면서 재공고화되지만, 이미 자주 떠올렸기 때문에 정서적 힘은 약해지고 만다. 그러면 스토아주의자들이 말한 대로 인생의 가장 큰 시련도 동요하지 않고 회상할 수 있다.

말 나온 김에, 스토아주의자들에 대한 오해를 짚고 넘어가자. 그들은 우리에게 '스토아적인stoique, 금욕적인, 극기심이 있는' 사람이 될 것을 요구하지만 이것은 고통스러운 기억을 돌처럼 무감각하고 태연하게 돌아보라는 뜻이 아니다. 오히려 그 일 또한 섭리의 일부임을 받아들이고 동의함으로써 그 기억에 익숙해지라는 뜻이다.

허구의 인물을
추억에 끌어들이기

과거에 개입하는 세 번째 방법이 있다. 심리도식치료에서 사용되는 이른바 '재양육reparenting 요법'이 그것이다.

우리는 이따금 운 좋게도 현재의 행복에서 힘을 얻는다. 깨가 쏟아지게 연애를 한다든가, 죽이 잘 맞는 친구를 사귄다든가. 행복한 일들은 그 자체로 어린 시절의 상처를 치유해준다. 조금은 '기적과도 같은' 이러한 치유법은 말하자면 과거로의 여행에 해당한다. 한때 우리의 모습이었던 어린아이, 이른바 '내면아이'가 작금의 행복에서 위로받고 안심하는 것이다.

새로운 체험, 은혜로운 만남이 연고처럼 어릴 적 상처를 치유하고 마음속에 뿌리내린 믿음을 변화시킨다. 부모에게 제대로 돌봄을 받지 못했던 아이는 스스로 사랑받을 자격이 없다고 믿어왔으나 이제 자기도 조건 없이 사랑받을 수 있음을 알았다. 허울뿐인 우정에 자주 실망하고 상처받았던 소년은 이제 진심을 나누고 의지할 수 있는 사람과의 만남을 믿는다.

어제의 상처와 그에 따른 의심이 해소되면 우리는 더욱 당당하고 자신 있게 앞으로 나아갈 수 있다. 그러한 치유가 저절로 자연스럽게 이루어지지 않는다면 우리 안에 남아 있는 어린 시절의 우리 자신에게 직접 다가가는 방법도 있다. 과거의 지각을 돌아보고 소급적으로 바로잡으면 거기에서 자유로워질 수 있다.

내면아이 전문가들의 고찰은 베르그송의 동시성 개념에 시사하는 바가 있다. 과거의 다양한 층위들이 현재에 공존한다면 내면아이는 사실상 우리 안에서 현재를 사는 것이다. 그 아이를 잘 돌보고 관심을 기울이면 과거의 카드들을 섞어서 훨씬 더 좋은 패를 들고 인생이라는 게임을 계속할 수 있다. 어린 시절을 있는 그대로 받아들이되 미래를 어찌할 수 없는 운명으로 묶어 놓지는 않게 된다.

내면아이와의 생산적인 대화는 심리도식치료에 매우 결정적이다.[5] 심리도식치료의 내담자는 어린 시절의 고통스러운 일화를 기술하면서 애정과 친절이 넘치는 존재, 다시 말해 '재양육'하는 존재가 그 일화에 개입하는 상상을 한다. 내담자가 어린 시절의 감정에 빠져 있는 동안 심리치료사는 재양육자의 다정한 말과 태도를 묘사함으로써 과거의 적절하지 못했던 양육을 교정하고 내담자에게, 정확히는 내담자의 내면아이에게 관심과 보호, 그 아이가 누리지 못했던 위안을 안겨준다.

심리학자 제프리 영은 여러 사례 중에서도 특히 흥미로운 사례를 들어 보인다.[6] 한 내담자는 '유기'의 심리도식으로 힘들어했고, 유기 불안이 극심해서 연애를 망치는 태도(지나친 경계심, 질투, 소유욕 등)를 보였다. 그는 여자친구가 문자에 답하지 않거나 자기에게 조금이라도 소홀한 듯하면 단박에 버림받고 배신당한 기분이 들었다. 하지만 이 병적인 태도 이면에 어린 시절의 상처가 있다는 것은 깨닫지 못했다. 그의 어머니는 변호사였는데 쌀쌀맞은 성격에 집에서 얼굴 보기도 힘들었고 어쩌다 집에 있어도 자신의 문제가 우선이었기 때문에 내담자는 아주 이른 나이부터 '버림받을 것 같다'는 불안에 고질적으로 사로잡혔던 것이다.

심리치료사는 내담자에게 이와 관련된 과거의 한 장면을 떠올려보게 했다. 내담자가 네 살 무렵, 어머니가 어서 집에 돌아오길 바라며 졸린 눈을 비비며 기다렸는데, 밤늦게 들어온 어머니는 그를 먼저 재우기는커녕 이메일부터 확인한 적이 있었다.

이 장면에서 심리치료사는 현재의 인물을 개입시켰다. 이 경우엔 내담자의 여자친구 스텔라였지만, 심리치료사나 다정했던 할머니, 혹은 성인이 된 내담자 자신을 등장시킬 수도 있다. 심리치료사는 스텔라가 그의 어머니에게 하는 말을 들려주었다. "어머님, 일이 워낙 많으니 퇴근이 늦을 수도 있지요. 하지만 겨우 네 살 된 아들이 엄마가 보고 싶어 지금까지 잠도 안 자고 기다렸잖아요. 아이 마음도 조금은 헤아려주세요. 엄마가 이메일을 확인하기 전에 자기부터 안아주기를 바라는 건 당연하잖아요. 그건 아이의 기본적인 권리라고요."

재양육 요법은 뉴런 활동에 대한 중요한 발견—감정적 뇌는 실제 경험과 상상한 경험을 구별하지 않는다[7]—을 바탕으로 하며 실제로 효과도 증명되었다.[8] 내담자도 이성적으로는 두 장면을 구분할 수 있다. 여자친구가 과거로 가서 어머니에게 무슨 말을 할 리 없지 않은가. 그러나 감정의 뇌는 이성의 뇌와 다르다. 수십 년 전 경험한 장면과 조금 전 상상한 장면이 뇌의 변연계에서 뒤섞인다. 제일 좋아하는 음식을 상상만 해도 침이 고이는 것과 비슷하다고 할까.[9] 음식이 실제로 눈앞에 있어야만 침이 분비되는 게 아니다. 상상으로 경험한 장면은 실제가 아니어도 감정의 뇌를 통해 어릴 적 상처를 보듬을 수 있다.

심리치료사는 과거의 장면에 스텔라를 개입시키고 나서 내담자에게 이번에는 재양육자가 부재하는 원래 일화를 다시 한 번 이야기해보라고 요청했다. 이것은 과거의 기억을 다시 한 번 되살리면서 새로운 바탕 위에 재공고화하는 과정이다. 여기에서도 내담자는 무엇 하나 잊지 않았지만 과거를 액면 그대로 받아들이지 않는다. 그는 심리치료사의 인도하에 과거로의 추억 여행을 하면서 '재양육자'와 함께 '개입'을 한다. 내담자는 과거와 함께 사는 법을 배우기 위해 어린 시절의 자기 자신을 만나 그 아이를 잘 보듬어야 한다.

과거에 개입하는 세 가지 방법이 가르쳐주는 사실은 결국 하나다. 이 방법들에 깃든 희망도 마찬가지로 하나다. 과거는 감옥이 아니다. 과거는 우리를 어떤 운명에 가두지 않는다. 우리는 과거를 부정하지 않되 과거에 무작정 복종하지도 않으면서 유연한 관계를 유지할 수 있다. 과거에 달라붙은 표상, 원칙, 생각을 바꿀 수 있고 과거에 결부된 감정을 누그러뜨릴 수 있으며 과거에 입은 상처를 치유할 수 있다.

베르그송적 태도는 유효하다. 우리는 생의 움직임 속에서 과거를 껴안고, 온전히 우리 자신이 됨으로써만 앞으로 나아간다. 사연과 역경 속에 생겨난 속박들―거추장스러운 삶의 규칙, 참기 힘든 기억, 민감한 어린 시절의 상처―을 벗어던지면 앞으로 더 박차고 나갈 수 있다.

베르그송이 말하는 창조적 재연은 더 넓게 확장되어 과거에 대한 적극적 개입까지 포함한다. 우리는 살아온 나날을 돌아보면서 자신만의 이야기를 써나가는 저자가 되고 그 이야기를 잘 풀어나가는 법을 찾게 된다. 베르그송의 프로젝트―과거를 다시 파악해 미래를 건설하기―는 그 어느 때보다 시의성이 있다.

베르그송, 프로이트, 프루스트. 잊을 수 없는 것의 위대한 옹호자들

"베르그송과 프로이트는 잊을 수 없는 것의 위대한 옹호자들이다"라고 폴 리쾨르는 썼다.[10] 나는 여기에 프루스트의 이름도 덧붙이고 싶다. 공교롭게 베르그송, 프로이트, 프루스트는 다 같은 시대를 살았다. 그들의 성찰과 작품은 사상사에서, 아니 역사 전체에서 아주 특별한 시기에 나왔다. 기억, 시간과의 관계가 갑자기 무대의 전면으로 나온 20세기 초에 철학자, 의사, 작가가 비슷한 생각을 저마다 천재성을 발휘하여 서로 다른 용어로 전개한 것이다.

'잊을 수 없다'고 해서 불변으로 굳어져 있는 것은 아니다. 과거의 시기들, 우리가 경험한 일화와 그 흔적 들은 우리 안에 살아 있다. 그리고 이 역동적 개인사 안에는 다양한 순간들이 희한하게 동시적으로 존재한다. 그러므로 우리는 과거에 개입할 수 있다.

이 주제에 관한 베르그송의 글과 프로이트의 글에는 심란하리만치 유사한 데가 있다. 하지만 그 둘은 마주친 적이 없다.

프로이트는 《메타심리학》에서 "무의식은 시간을 모른다"[11]고 했고, 베르그송은 연대기적 순서에 상관없이 "우리가 살아온 생은 아주 상세한 부분까지 기억에 보존된다"고 했다. 예를 들어, 프로이트는 50년도 더 된 어린 시절에 겪은 일화가 마치 어제 일처럼 현재의 심리적 삶에 영향을 줄 수 있다고 했다. 베르그송도 아주 오래전에 겪은 일이 최근의 사건이나 우리의 자유로운 행동에 소환될 수 있다고 했다. 마찬가지 맥락에서 프루스트는 우리가 "잃어버린 시간"을 찾아 나서고 되찾을 때 가까운 과거나 현재보다 더 생생하고 민감한 그 무엇을 건드린다고 했다.

프로이트의 정신분석, 베르그송이 말하는 내적 삶의 선율에 귀 기울이기, 감각이 일깨우는 프루스트적 레미니상스는 결국 모두 자신의 과거에 마음을 열고 그 울림을 듣는 것, 과거에 개입함으로써 우리의 역사가 나아갈 길을 여는 것이다.

재발견된 프로이트의 정신분석

프로이트의 정신분석은 앞에서 살펴본 세 가지 개입 방법을 동시에 실시하려 한다는 점에서 야심 차다. 과거를 달리 보기, 나쁜 기억에 익숙해지기, 어린 시절의 상처 치유하기가 프로이트가 제안하는 '말을 통한 치료'에 다 들어 있다.

내담자는 긴 의자에 누워서 머릿속에 떠오르는 생각을 자유롭게 말한다. 정신분석가가 요구하는 방향대로 말하지 않아도 되고 금지 사항이나 검열도 없다. 과거를 돌아보고 풀어야 할 것을 풀기 위해서는 때때로 단기 치료가 아니라 충분히 시간을 들인 정신분석이 필요할 수도 있다.

부모를 이상화했던 아이는 이제 명철한 눈으로 그들을 한 인간으로서 바라볼 수 있다. 모범적이고 사려 깊은 보호자 노릇을 도맡았던 첫째는, 과거 자기가 동생의 탄생에 얼마나 상처받고 질투를 느꼈는지 이제는 안다. 이러한 깨달음은 우리 마음을 달래주고 때로는 우리를 자유롭게 해준다. 나아가 과거로 잘 들어가면 미래로 나갈 추진력이 생긴다. 이 길을 열어준 정신분석은 지적으로 대단히 유연하고 융통성 있는 학파다. 정신분석가의 긴 의자에 누워 과거에 대해 이야기하는 동안 우리는 새로운 활력의 장을 연다.

그렇지만 정신분석의 방법은 끊임없이 논란을 불러일으킨다. 정신분석 요법을 과거와 함께 사는 최고의 방법, 영험한 의식처럼 여기는 이가 있는가 하면, 돈 많고 팔자 좋은 일부 신경증 환자들의 쓸데없는 놀음이라고 생각하는 이도 있다. 이 논란의 중심에 이 책이 던지고자 하는 질문이 있다. 어떻게 과거를 돌아보되 비생산적으로 곱씹지 않을 수 있을까?

질 들뢰즈와 펠릭스 가타리는 《안티 오이디푸스》에서 자기들이 프로이트의 과오를 밝혔다고 주장한다.[12] 그 과오란 과거로의 소급 강박이다.

저자들은 프로이트가 욕망을 '어머니 아버지'라는 것으로 환원했다고 경멸적으로 지적한다. 우리의 삶을 언제나 어린 시절로, 특히 오이디푸스콤플렉스로 소급한다면 삶의 발명이라는 특성을 부인하는 것이라며. 그들은 비단 프로이트뿐만 아니라 과거로의 회귀를 창조적 삶과 행동의 조건으로 삼는 철학 전반을 비판했다.

들뢰즈와 가타리에게 욕망은 유년에서 비롯된 오이디푸스콤플렉스를 끊임없이 재연하는 것이 아니었다. 언제나 똑같은 과거나 어린 시절의 옹색한 장면으로 향하는 것이 아니라 어떤 생명력, 존재의 역량을 타자, 미지의 것, 넓은 세계, 미래를 향하여 표현하는 것이었다.

또한 오늘날에는 감정에 주로 관여하는 편도체를 포함한 변연계가 언어 영역과 분리되어 있다는 것이 기정사실로 밝혀졌다. 이 때문에 장루이 모네스테스 같은 일부 심리치료사들은 말을 통한 치료를 내세운 프로이트주의 및 라캉주의 정신분석에 비판적이다.[13] 정신분석은 말에 의지하기 때문에 감정적 뇌에 접근하기 어렵다는 이유다.

이들에 따르면, 말을 통한 치료는 어린 시절의 상처를 치유하거나 변연계의 편도체에 자리 잡은 고통스러운 감정을 달래기에 역부족이다. 게다가 정신분석가는 변연계에 웅크리고 있는 부정적 감정을 해소할 구체적인 해결책을 제안하지 않기 때문에 내담자는 괴로운 기억을 반복적으로 곱씹게 되기도 한다. 가족이나 지인 중에 몇 년에 걸쳐 정신분석 요법을 받고 있는 신경증 환자가 있다면 이러한 비판에 민감해지지 않을 수 없다. 게다가 정신분석을 단순한 지적 대화로 축소한다면 이 비판이 백번 옳게 느껴질 것이다.

하지만 과거를 돌아보는 것이 같은 장면의 단순 반복이 아니라는 점은 앞에서도 여러 차례 지적했다. 일단, 모든 추억은 재구성되고 기억과 상상 사이에 뚜렷한 경계는 없다. 그리고 과거를 똑같이 재연하는 것이 아니라 부분적으로 바꾸면서 개입하는 것이다. 더욱이 우리의 반응이나 타자들과 맺는 관계의 양상이 어린 시절의 영향을 받는다고 해서 그 기원이 어떤 운명, 혹은 욕망에 대한 자세를 정해버리지는 않는다. 그러한 바탕에서 우리의 욕망이 형성된다 해도 단지 그것으로 제한되지는 않는다. 누구에게나 기원 혹은 출신은 있고—그걸 누가 부정할 수 있을까?—그게 전진하지 못할 이유가 되진 않는다.

그렇다. 프로이트의 가르침은 기본적으로 맞다. 우리는 모두 우리가 선택하지 않은 부모에게서 연약하고 의존적인 아이로 태어났고 그 최초의 환경에 영향을 많이 받았다. 우리는 처음에는 부모를 향한, 그다음에는 다른 사람들을 향한 모순된 감정들의 충동에 시달렸다. 하지만 그게 더 광대한 세계로 나아가고 싶은 마음을 방해하지는 않는다.

프로이트는 선구자였다. 최초의 사회적 우주—가정에서 부모나 동기간과의 관계—가 평생 우리가 타자와 맺는 관계나 세계관에 영향을 미친다는 생각을 처음으로 규모 있는 이론으로 정리했다는 점에서 그렇다. 우리는 프로이트의 저작을 통해 과거와 함께 살려면 우리의 내면성, 무의식의 '질료'를 모형화한 생애 초반의 경험을 이해해야 한다는 것을 알았다. 그리고 정신분석 요법의 의례화된 절차는 회피와 부인의 논리를 벗어나 과거를 제대로 평가하고 자신의 욕망과 베르그송이 말하는 내적 삶의 선율을 발견하기에 이상적인 듯 보인다.

물론 프로이트의 선구적 천재성을 십분 인정하더라도 정신분석이 한 세기 전과 똑같은 방식으로, 혹은 반세기 전의 라캉주의 식으로 이루어져야 한다는 뜻은 아니다. 프로이트처럼 모든 징후를 오이디푸스콤플렉스와 리비도에 비추어 해석하는 것은 지나치게 환원적이어서 정신의 다른 탐색 경로를 놓치기 쉽다. 난해하고 수수께끼 같은 문장만 던져놓고 말하기를 거부하거나 분석을 위함이라면서 상담을 몇 분 만에 중단하기도 하는 라캉의 입장이 내담자에게는 역기능적인 좌절을 안기기도 한다. 실제로 이런 경우는 어떤 돌파구도 주어지지 않기 때문에 내담자가 과거를 그저 곱씹게 될 위험이 크다. 특히 정신분석가가 직접 치료에 개입을 하지 않는다면 내담자 스스로 과거에 개입하기는 상당히 어렵다!

이 때문에 정신분석 요법도 요즘 시대에 맞게 바뀌는 추세다. 이제는 정신분석가들도 적극적으로 개입하고, 제안하고, 뚜렷한 반응을 보이고, 내담자가 한 말을 다시 들려주기도 하고, 이전 회차에서 했던 꿈 이야기와 오늘 나온 이야기의 유사성을 지적하기도 한다. 이 정신분석가들은 신경과학의 경향을 참고하고 행동주의 치료를 비롯한 다른 요법들에 대해서도 열려 있다.[14] 그래서 내담자들의 이야기를 가만히 귀 기울여 듣기만 하는 게 아니라, 내담자가 자기를 되찾아 과거를 다시 이해하고 자신과 미래를 믿을 수 있도록 양질의 리추얼, 시간, 장소를 제공한다.

'긴 의자에 누워 말하기'는 내담자가 이성적이기를 그만둔 말, '울림'을 갖기 위해 '추론'을 멈춘 말에 자기를 내맡기는 행위다.

말 자체가 아닌 다른 것이 그를 관통한다. 내담자는 신체, 감정, 무의식의 언어에 자기를 열고 지적이지 않은 말로 자기를 드러낸다. 라캉은 심지어 이성과 의식의 통제에서 벗어난 이 말을 가리켜 '라랑그^{lalangue}'[15]라는 신조어를 만들기까지 했다. 단어로도 이루어져 있지만 소리, 복명음, 의성어와 의태어, 망설임, 반복, 침묵으로도 이루어진 말. 라캉은 인간을 '말하는-존재^{parlêtre}'로 규정하면서 말을 할 때만 우리의 내면, 우리의 존재에 접근할 수 있다고 했다. 하지만 그것은 의식보다는 무의식과 싸우는 말이다.

게다가 감정의 영역이 언어의 영역과 구분된다 해도 우리가 오늘날 알다시피 뇌의 모든 영역은 서로 소통한다. 따라서 말은 변연계에 깊이 파묻혀 있는 감정에 다가가는 수단이 될 수 있다. 재양육 사례에서 보았듯이 때로는 아주 단순한 말로도 충분하다. 정신분석을 받으면서, 혹은 꼭 그와 같은 특정한 상황이 아니더라도 누군가에게 과거의 사건을 이야기하면서 감정이 북받치고 눈물이 차오를 때가 있지 않았던가.

과거가 떠오르고 막혔던 것이 터진다. 깨끗이 비워내고 나면 새로운 것이, 미래가 들어설 자리가 생긴다. 과거에 있었던 일을 회피하지 않고 받아들일 힘이 그제야 생긴다. 이 받아들임이 과거에 개입하는 첫걸음이다. 이미 일어난 일은 바꿀 수 없지만 그 일을 느끼고 과거의 아이이자 상속자로서 살아가는 방식은 바꿀 수 있다. 그렇게 우리는 모퉁이돌을 놓고 건설자가 된다.

정신분석 요법은 내담자에게 일관성이나 도덕적 검열에 연연하지 않고 머리에 떠오르는 대로 말하게 한다. 그로써 '분기^{分岐,} diverger'를 가르치고 과거를 새롭게 조명한다. 이 분기의 기술이 무익한 되새김질에 대한 최고의 해독제다. 지적 창조성의 원동력을 분석하는 심리학자들은 그러한 역량이 분기와 수렴 사이를 부단히 왔다 갔다 한 결과라고 정의한다.

분기는 생각을 자유롭게 펼치고 모든 연상과 여담을 허용하는 태도다. 오는 생각 막지 않고 다른 생각을 끌고 오는 것도 막지 않는 태도라고 할까. 반면에 수렴은 성찰의 주제에서 관심을 놓지 않고 그 주제로 모여드는 생각들만을 받아들이면서 직접적 관계를 끌고 가는 태도다. 이 두 태도를 갈마들면서 창조적 사유를 개발하는 것이다.

우리는 어떤 대상에 대해서 생각할 때 자연스럽게 그 대상으로 수렴하기 때문에 다른 방향으로 갈라져 나가 새로운 관점을 취하기가 힘들다. 앞에서 말했듯이 옆발을 내디딜 줄 알아야 새로운 길들이 열리는데 말이다. 다른 길로 빠져봐야 우리 자신을 알 수 있고 우리의 욕망에 다가갈 수 있다. 앞으로 살아갈 힘을 얻고 전에는 하지 않던 행동도 할 수 있다. 심지어 때로는 우리 자신에 대해서, 우리의 강박과 신경증에 대해서 슬그머니 웃어넘기거나 배를 잡고 폭소하는 법도 배워야 한다. 그것이 '성공적인' 정신분석의 결코 작지 않은 미덕이리라.

되찾은 웃음, 새로운 유연성, 타인이나 나를 조금 더 다정하게 바라보는 여유… 결국 그런 걸 원해서, 좀 더 홀가분해지고 싶어서 과거에 개입하는 게 아닌가. 물 흐르듯 살아가면서 충분히 그럴 수 있든, 생의 움직임을 따라가거나 재개하기 위해 치료를 받아야 하든, 우리는 마침내 홀가분해지는 방법을 찾을 수 있을 것이다. 그리고 다시 한 번, 앞으로 나아갈 것이다.

8

과거를 안고 나아가다

럭비는 다른 단체 구기종목과 달리 전진 패스가 허용되지 않는다. 선수는 공을 손으로 들고 마구 달려가다가 뒤에 있는 같은 팀 선수에게 던져줄 수 있지만, 건네주는 선수 역시 몸은 앞으로 치고 나가면서 공을 뒤로 넘겨야 한다. 럭비 선수들은 이런 식으로 상대편의 태클과 스크럼을 피하고 진지를 차지하면서 상대편 골라인에 접근한다. 그들은 뒤로 돌면서 앞으로 나아간다.

럭비의 후방 패스에 이 책이 말하고자 하는 자세가 고스란히 종합되어 있다. 뒤를 돌아보면서 앞으로 나아가기.

이제 우리에게 친숙한 이 몸짓은 일련의 행동들로 굴절될 수 있다.

아름다운 것들을
기억하라

우리에겐 과거의 아름다운 기억을 되살릴 힘이 있다. 창조적으로 기억을 소환할 힘이 있다. 비록 그 사실을 자주 잊고 살지만, 행복한 추억도 재공고화되어야 한다! 아름다운 추억을 기억의 가장자리에 처박아 놓고 비몽사몽 상태로 방치하기는 아깝지 않은가. 그런 추억이 줄 수 있는 반짝이는 기쁨과 위안, 지금 이 자리에서 얻을 수 있는 삶의 낙이 아깝지 않은가. 성 아우구스티누스의 《고백록》에도 과거의 눈부신 현존을 되찾으라는 권고가 나타나 있다.[1] "나는 기억의 평원에, 기억의 광대한 궁전에 도달하였다. 거기에는 보물 같은 이미지들이 무수히 쌓여 있나니…" 과거의 보물을 발굴하여 그 진가를 음미하는 것은 전적으로 우리 몫이다.

'과거와 함께 살다 $^{Vivre\ avec\ son\ passé}$'라는 표현은 으레 고통스러운 과거나 의지와 상관없이 물려받은 것의 무게를 떠안고 산다는 뜻으로 이해되곤 한다. 그렇게 '살아야만' 하는데, 어린 시절의 상처는 치유되기 쉽지 않고 뜻대로 되지 않았던 일들의 고통, 실패, 후회, 가책을 기억하기 힘들다는 것만은 틀림없다.

하지만 과거에는 예쁜 것, 행복했던 시간, 충만감이나 흥분되는 발견의 순간, 관조의 기쁨도 가득하다. 이때 '과거와 함께 살다'는 전혀 다른 의미가 된다. 그 순간들을 불러내고 다시 연결되어 과거의 아름다움과 힘으로 현재를 산다는 의미인 것이다.

퓌제의 숲속에서 울창한 나뭇가지들 사이를 뚫고 비치던 그 빛을 기억한다. 스무 살이 채 되기 전이었다. 청록색 스쿠터를 타고 달리는 아스팔트 위로 나무 그림자가 지도의 대륙들처럼 드리워져 있었다. 문득 가슴속에서 새로운 자유의 불꽃이 타오르기 시작했다. 나는 그 햇살이 어룽지는 길에서 조금 더 지금의 나로 태어났다. 더 이상 에고의 비밀스러운 상처에 매달리지 않았다. 우리는 아름다움과의 첫 만남에서 비로소 태어나기도 한다. 심미적 감정을 최초로 느끼면서 우리 자신을 잠시 잊고 세계에 현존하고 있음을 절실하게 깨닫는다.

이따금 행복한 추억을 떠올리고, 거기에 잠시 머무르면서 깊이 빠져드는 것으로 충분하다. 나는 어릴 적 아버지와 함께했던 해수욕을 떠올리면 언제나 마음이 편안해진다. 다른 형제들 없이 아버지와 둘이서만 놀았던 특별하고 기분 좋은 기억이 매번 새로운 힘을 준다.

과거의 기쁨을 다시 음미하려면 기쁨이 들어설 자리가 있어야 할 뿐 아니라 우리가 직접 문을 열어주어야 한다. 숨겨진 것을 끌어당긴 다음 거기에 빠져들어야 한다. 프루스트가 보여주었듯이 얼핏 떠오른 것을 흘려보내지 않고 의식의 수면 위로 끌어올려 추억이 돌아올 기회를 주어야 한다. 뭔가가 떠오를 때 일상에 치여 그냥 다른 일로 넘어가면 레미니상스가 현재의 치유책으로 작용할 틈이 없다.

'프루스트의 마들렌'이라는 예는 지나치게 자주 왜곡되곤 한다. 마들렌 조각이 담긴 티스푼이 마법처럼 단박에 과거를 돌아오게 한 게 아니다. 화자는 처음에 마음의 동요에 지나지 않았던 현상에 시간을 할애하고 의식적으로 노력하면서 기억이 서서히 떠오르기를 기다렸다. 그러자 비로소 어제의 행복이 다시 현재가 되었다.

아버지와 단둘이 해수욕을 했던 추억이 충분히 펼쳐지도록 시간을 주면 아마 맨 처음 떠오르는 것은 선크림 냄새, 피부에 내리쬐는 햇볕의 따스한 기운일 것이다. 그다음에는 바닷물의 짠맛, 신이 나서 내지르는 고함, 우리의 몸을 둥실 밀어 올리던 파도, 물속에서 아버지가 내 두 손을 잡고 빙글빙글 돌려주었을 때 하늘을 나는 듯했던 느낌… 여기에서 《잃어버린 시간을 찾아서》의 화자처럼 우리가 좀 더 '끌고 가면' 이른바 '추억 명상'에 들어가게 된다. 일상의 가차 없는 시간성에서 빠져나와 자질구레한 디테일을, 추억을 더욱 풍부하게 만드는 풍미와 색채를 음미하게 된다.

아버지가 나를 잡고 빙빙 돌려줄 때 신이 나서 "더 빨리! 더 빨리요!"라고 재촉했던 기억. 아버지가 마침내 손을 놓았을 때 몸이 확 가라앉는 것 같은 느낌이 들면서 더럭 겁이 났던 기억. 그리고 까르르 웃으면서 물 밖으로 얼굴을 내밀고는 숨을 크게 들이마신 기억. 가만히 눈을 감고 과거를 향하여 눈을 크게 떠보자. 물에서 나오자마자 바닥에 드러누웠을 때 햇볕에 달궈진 모래의 열기, 몸에 두르고 등을 맹렬히 문질러댔던 수건의 촉감이 기억날 것이다.

이제는 아이가 아니지만, 어떤 것으로도 그 순간을 없었던 일로 만들 수는 없다. 그 순간은 영원하다. 그 순간과 다시 연결될 때마다, 그 순간이 얼마나 생생한지 진가를 드러낼 시간만 충분하다면 우리는 그때로 되돌릴 수 있다. 다음에는 해변의 노점에서 사 먹었던 레몬 셔벗이, 아직 어린 입맛에는 인상이 찌푸려질 정도로 새콤하고 시원했던 그 맛도 기억날 것이다.

얼마나 그리운 행복인가. 그런 추억을 다시 한 번 산다는 것은 또 얼마나 큰 기쁨인가. 하나의 행복한 추억에 얼마나 많은 다른 추억들이 숨어 있는지….

과거의 횃불을
다시 밝히는 법

손에 잡힐 듯 생생하게 떠오르는 기억은 과거를 현존하게 한 나머지 노스탤지어를 부르기도 한다. 장켈레비치는 추억이 "불가역적인 것에 대한 노스탤지어"[2]라고 했다. 우리는 더 이상 존재하지 않는 것에 대해서만 노스탤지어를 품는다. 하지만 과거가 마치 만져질 듯 현존한다면 그게 과연 불가역적인 것일까?

추억이 지나가도록 창문을 살짝 열어두었다가는, 그 행복은 진즉에 끝났고 우리는 이제 아이가 아니며 오만가지 책임과 제약을 짊어진 성인이 되었음을 아프게 상기시키는 파도가 음울한 영혼을 덮칠지도 모른다. 그렇게 되지 않으려면 행복한 추억을 온전히 음미하는 것이 중요한데, 정작 우리는 더 이상 아프기 싫어서 추억을 쫓아버리고 싶어질 수도 있다. 프루스트가 마들렌이나 껄끄럽기 짝이 없던 냅킨을 예로 들었던 것처럼, 지각에 잠시 머무르면서 레미니상스에 문을 활짝 열어놓으면 과거를 섬세하고 풍부하게 돌아볼 수 있는데 말이다. 그래서 프루스트의 방법은 가슴 아픈 노스탤지어에 탁월한 치료약이 될 수 있다.

행복했던 과거의 이미지를 잠깐 엿보면 그 행복이 지나갔다는 생각에 사로잡혀 우울해진다. 하지만 충분히 시간을 들여 그 안에 흠뻑 젖어들면 다시 행복해지고 그 놀라운 생명력과 다시 연결된다. 이것이 바로 과거를 제대로 포착해서 재발견하는 법이다. 자크 프레베르라면 이렇게 말하지 않을까. "나는 행복을 그것이 떠나면서 내는 소리로 알 수 있습니다." 하지만 프루스트는 우리에게 행복이 돌아올 때 내는 소리를 들어보라고 권한다.

아름다운 것들을 기억하는 것은 일종의 시간 횡단이다. 아름다운 추억들이 다시 현존한다. 심지어 되찾은 느낌 속에서도, 마치 전에 없었던 것처럼 현존한다. 점점 더 또렷해지는 생생한 기억의 순간에는 아무것도 과거에 속하지 않는다. 어제의 아름다움은

✧

아름다운 것들을 기억하는 것은 일종의 시간 횡단이다.

아름다운 추억들이 다시 현존한다.

심지어 되찾은 느낌 속에서도,

마치 전에 없었던 것처럼 현존한다.

새로운 광휘로 우리에게 돌아온다. 우리는 기억의 눈으로 그 아름다움을 관조하고 우리 자신을 내맡기며 힘을 얻는다.

우리는 너무 자주 우리의 한 부분과 단절되어 살아간다. 과거에 살았던 경이로운 순간들을 아무 흥미 없는 것으로 치부하고 기억의 밑바닥에 방치한다. 그 아름다운 추억을 외면하는 이유는 비단 노스탤지어가 겁나서만은 아니다. 우리는 추억을 방치한 것이 아니라 깨우는 것을 잊은 것이다.

이를테면 오래전 그 사람과 함께 보낸 밤의 기억이 그렇다. 한때 사랑했지만 자기 인생 찾아 떠나간 사람. 그 후로 우리는 그 사람이 세상에 존재하지도 않는 것처럼 살았다. 때때로 애틋한 몸짓, 관능적인 자세가 스치듯 떠오르다가 또 스치듯 가버린다. 하지만 5월의 그 밤은 신비로운 유예와도 같았다. 아직은 낯선 두 육체가 서로를 발견하고 한 호흡으로 전율하고 자연스럽게 상상의 나래를 펼치며 다채로운 쾌락에 빠져들던 밤.

눈을 감고 그 뜨거운 밤으로 나 있는 창을 열면, 다시 짜릿한 감각이 우리를 에워싸고 세세한 기억이 우리를 흥분시킨다. 떠오르는 장면을 붙잡고 그 장면이 다른 장면들까지 끌고 오기를 기다리는 것은 누구라도 할 수 있다. 기회를 주면, 시간을 좀 내어주면, 관심을 기울이면, 정신적 여유를 가지면 된다. 그러면 과거는 그 현존성으로 우리를 뒤덮을 만큼 생생하게 파도처럼 밀려올 것이다. 그로써 그날 하루가 완전히 달라지리라. 아니, 과거의 횃불을 다시 밝히는 법을 알면 인생 전체가 달라진다.

아주 작은 것들이
모든 것을 바꾼다

독일의 사회학자 하르트무트 로자가 현대 사회에 대해서 쓴 명저 《소외와 가속》[3]은 삶의 리듬이 전반적으로 가속화될 때 따르는 위험을 보여준다. 우리는 언제나 바쁘고 수시로 압박에 시달리다 보니 인간다움 자체를 위협당하는 지경이다. 더 이상 서로의 말에 귀 기울이지 못하고, 참다운 관계를 맺지 못하며, 지금 이 순간을 살지 못하고, 과거의 아름다운 것들을 기억할 여유를 스스로 허락하지 못한다.

로자는 《공명^{Resonanz}》[4]이라는 저서에서 《소외와 가속》에서 제기한 문제에 대한 답을 내놓는다. 우리는 과학기술과 의학의 엄청난 진보를 동반한 이 가속 사회에서 벗어날 수 없지만, 이 새로운 시간성 속에서도 '공명' 상자를 마련할 수는 있다. 타자 혹은 우리 자신과 다시 연결될 수 있는 순간이 바로 그 공명 상자에 해당한다. 우리는 현재와 과거가 공명하도록 할 수 있다.

현대적 삶을 포기하고 숲속의 오두막이나 힌두교 은둔자의 암자에 처박혀야만 공명에 들어갈 수 있는 게 아니다. 시간을 많이 쏟을 필요도 없다. 다만, 현존의 감각이나 주의력을 기울이는 능력과 단절되어서는 안 된다. 빠르게 변하는 세상에 발 맞추는 게 불가피할지라도, 속도를 늦출 수도 높일 수도 있는 우리의 능력을 조금만 더 유연하게 활성화한다면 우리가 세계와, 타자들과 관계 맺는 방식을 얼마든지 수정할 수 있다.

우리는 일상에서 언제든 그리 어렵지 않게 공명에 들어갈 수 있다. 친구들과 신나게 대화를 나눌 때는 스마트폰을 비행기 모드로 설정한다. 스마트폰 앨범을 훑다가 발견한 사진 한 장에 충분한 눈길을 주고 내면으로 침잠할 시간을 가질 수도 있다. 미술관에서 작품을 감상하는 동안 다음 일정을 걱정하지 않고 하염없이 추억에 젖어도 좋겠다. 예전에 다른 미술관에 갔던 기억이라든가, 마음을 빼앗겼던 어떤 작품에 대한 기억이라든가…. 바삐 걷다가 우연찮게 고층 빌딩들 사이로 흘러가는 특이한 모양의 구름을 만나는 순간에는 언젠가 보들레르의 시에 언급되었던 "신기한 구름"을, 그 시를 처음 가르쳐주었던 문학 선생님을 문득 기억할 수도 있다.

과거가 현재와 공명하기 위해서는 아름다운 것들을 기억으로 소환하기만 하면 된다. 친구들끼리, 가족끼리, 사랑했던 사람들끼리 일부러 시간을 내어 만나고 함께 추억을 떠올려보라. 아무 걱정 없던 학창 시절, 사회생활이라는 모험, 교외로 떠난 주말여행. 우리는 현재가 너무 바쁘고 미래를 너무 걱정하느라 그러한 기쁨을 스스로 박탈하고 살기 일쑤다.

결국 중요한 것은 과거와 만날 약속이다. 과거의 폭력성을 해제하기 위해서가 아니라, 오히려 그 감미로움을 되살려내어 더 잘 음미하기 위해서다. 이것은 이미 일어났던 일에 표하는 경의다. 한편으로는 에피쿠로스적 쾌락을 누리는 방식이기도 하다. 일어나지 않을 수도 있었던 일인데, 그 일이 일어나서 행복했다. 그러니 그 행복을 누려야 하지 않겠는가. 만물의 우연성 속에서 그 행복만은 끌어낼 수 있으니 얼마나 기쁜 일인가. 그걸 온전히 의식하라.

에피쿠로스의 지혜는 여전히 고통스러운 노스탤지어에 효험이 있다. 노스탤지어에 빠진 사람은 지나간 행복을 떠올리면서 이제는 오지 못할 날들이라고 미련을 둔다. 그러나 에피쿠로스주의자는 행복이 다녀간 기적 자체를 기뻐한다.

행복의 레미니상스를 누리는 또 다른 방법은 즐거운 추억이 깃든 장소에 직접 돌아가보는 것이다. 추억이 가득한 거리를 천천히 걸어서, 혹은 차를 타고 드라이브하듯 지나간다. 아니면 여름방학 때마다 방문했던 시골집을 오랜만에 찾아가본다. 그와 같은 방문이 아니었더라면 깨어나지 않았을 추억들이 물밀듯 밀려올 것이다. 기억에는 장소들이 있다. 망설이지 말고 그 장소들을 찾아가 과거 속으로 산책을 떠나보라.

게다가 우리 뇌의 해마에는 '장소세포'라는 것이 있다. 이 세포는 우리가 경험한 일화를 장소와 결부지어 기억하게 해준다. 그래서 일화기억은 '공간화'되어 있다. 잠을 자는 동안 기억 작용은 놀라운 과정을 거친다. 뇌는 낮 동안 있었던 일을 영화처럼 되돌려보고 그 일화들을 낮 동안 거쳐온 장소들과 연결해서 저장한다. 마치 경로를 다시 밟으면서 우리가 경험한 일을 지정하기라도 하는 것처럼 말이다. 따라서 기억은 시간에 기록되기 이전에 공간에 기록된다.

이런 과정을 옛사람들도 알고 있었던 걸까? 고대부터 '장소 기억법'은 요긴하게 쓰였다. 키케로도 말했듯이 고대의 웅변가들은 연설문을 외울 때 도시나 근교의 전원을 배회하면서, 혹은 호화로운 궁전을 거닐면서 한 문단 한 문단을 특정 지점과 연결해가면서 암기했다. 그래서 연설을 하다가 논증의 순서가 헷갈리더라도 늘 다니던 산책로를 상기해 마음속으로 다시 따라가기만 하면 되었다. 장소 기억법은 최초의 기억술로 알려져 있다. 그렇다면, 행복한 추억이 있는 장소로 돌아가기만 해도 그러한 추억이 그토록 쉽게 떠오르는 이유 역시 이해할 만하지 않은가.

아주 작은 것만으로도 과거로 돌아가기에는 충분하다. 하지만 그 작은 것들이 모든 것을 바꾼다. 우리는 그로써 자기 내면의 목소리도 들어야 하는 한편, 빠릿빠릿하게 굴어야 한다는 이 시대의 역설적 명령에서 해방될 수 있다. 어쩌면 "행복한 추억은 더 이상 행복하지 않은데 괴로운 추억은 여전히 괴롭구나"[5]라는 바이런 경의 문장에 반박할 수 있을지도 모른다.

고통스러운 기억도 우리가 계속 소환하고 '활용'하고 길들여

'익숙하게' 만들면 더 이상 피할 수 없는 일이 아니다. 행복한 기억은 지금도 여전히 행복일 뿐 아니라 곱절의 행복, 울림을 주는 행복이 될 수 있다. 그 행복을 누리기 위해서는 약간의 의식, 인내심, 그리고 아름다운 것들을 기억하는 기술이 필요하다.

새로운 추억으로
나쁜 추억 덮어버리기

스물다섯 살에 나는 포르투갈의 어느 해변에 있었다. 친한 친구 중 하나가 그곳에서 청년 시절을 마감하는 파티를 열었다. 별이 빛나는 하늘 아래, 시끌한 파티장을 벗어나 바다를 향해 걸어가는 동안 음악 소리는 점점 멀어졌다. 무슨 말인지 떠들다가, 같이 어울리던 친구 하나가 조금 진지하게 비난조로 말했다. "넌 지금 우리가 추억을 만드는 중이라는 거 몰라?"

그 말을 듣자마자 조금 당황스러웠다. 뭔가 고리타분하게도 느껴졌다. 아니, 파티가 한창인데 생각은 벌써 미래에 가 있는 거야? 이 순간 자체가 아니라 우리가 '만들고 있는' 추억을 생각한다고? 지금 이 순간만으로도 충분치 않아?

하지만 친구가 옳았다. 그 파티가 오래도록 기억에 남을 것이라고 생각했기 때문에 그는 파티를 만끽할 수 있었다. 그는 더 명철하게, 더 열린 의식으로 현재를 누렸으리라. 당시 친구는 가정불화 때문에 오랫동안 힘들어하다가 마침 집에서 벗어난 참이었다. 그런 사연이 있어서 부인할 수 없는 삶의 지혜를 일찍이 얻었을까. 친구는 과거와 잘 살아가기 위한 힘을 내려고 새로운 추억 만들기에 힘쓴 것이다. 생과 기쁨이 자기 안에 자리 잡고, 활짝 피어나며, 의사이자 심리치료사 루스 해리스의 표현을 빌리자면, "확장되어" 괴로운 추억의 자리를 차지할 수 있도록.

해리스에 따르면, '확장'은 새로운 추억이 나쁜 추억을 '짓밟고' '희석할' 수 있도록, 그리하여 우리가 과거를 받아들일 수 있도록 새로운 활동이나 관계에 자신을 연다는 뜻이다.⁶ 이는 나쁜 추억을 회피하거나 나쁜 추억에서 도망치려는 태도와는 다르다. 나쁜 추억은 계속 그대로이고 훗날 선연하게 다시 떠오를 수도 있다. 하지만 나쁜 추억도 새로운 경험, 관심, 기쁨으로 확장되는 살아 있는 기억 속에 있으면 괜찮다. 넓게 펼쳐진 기억 속에서 희석되기 때문이다. 과거의 수용은 이러한 '확장'과 궤를 같이 한다.

새로운 추억 만들기는 고통스러운 기억을 부차적인 것으로 밀어내는 좋은 방법이다. 스토아주의자들은 나쁜 기억을 정면으로 바라보려고 노력하면서 살라고 가르쳐준다. 장루이 모네스테스 같은 심리치료사들은 나쁜 기억을 절대로 회피하지 말라고 제안한다. 그러한 가르침들은 세계와 타자들을 만나서 행복한 추억들을 새로이 쌓아가며 사는 법을 잊고 사는 우리에게 더욱 값진 결실로 돌아올 것이다. 행복한 옛 추억을 되찾는 데 그치지 않고 생을 받아들여 새로운 행복을 쌓아갈 수 있을 테니까.

괴로운 추억은 지울 수 없다. 하지만 우리의 일화기억 속에 희석하고, 덮어버림으로써 덜 떠오르고 덜 괴로운 것으로 만드는 건 얼마든지 가능하다. 새로운 감정들을 경험하여 기억이라는 무대의 전면에 새로운 추억들을 세워보자. 아무리 힘든 과거가 있어도 현재에 호기심과 흥미를 가지고 살기에 이만한 방법은 없다.

우울증이나 불안장애가 있는 사람은 새로운 추억을 저장할 수 없어서 괴롭다. 우울한 사람은 자기를 슬프게 하는 기억에만 관심이 간다. 불안한 사람은 두려운 기억이 떠오를까 봐 전전긍긍한다. 이 와중에 새로운 추억이 들어설 자리는 없다. 이런 악순환을 끊기 위해 행동주의 치료사들이 제안하는 지침은 우리 모두가 참고할 만하다. 즐거워질 수 있는 행동들, 자기를 실현할 수 있는 기회들을 가장 단순하고 쉬운 것부터 실천에 옮겨보자.

손만 까딱하는 인터넷 쇼핑보다는 직접 시장에 가서 장을 본다든가, 옛 친구와 오랜만에 만나서 회포를 푼다든가…. 그다음에는 행동반경을 점점 넓힌다. 듣고 싶었던 강연을 들으러 인근 도서관에 갈 수도 있고, 스포츠 클럽에 가입할 수도 있겠다. 목표는 새로운 추억을 많이 만들어 옛 추억과 경합시키고 유리한 입지를 차지하게 하는 것이다.

듣기 싫은 노래가 머릿속에서 자꾸 맴돌 때 어떻게 하는가? 바보 같은 후렴구와 퇴행적 리듬을 떠올리고 싶지 않지만 떨쳐낼 수가 없다. '생각하지 말아야지, 생각하지 말아야지' 하면 더 생각 난다. 그럴 땐 그냥 다른 음악을 들으면 그만이다. 짜증스러운 노래 대신 다른 노래로 머릿속을 채우면, 그렇게 해서 그 노래를 부분적으로 덮어버리고 기억 속에서 희석해버리면 된다.

이제 우리는 코르사코프 증후군을 앓는 알코올 중독자가 어떤 함정에 빠지는지 잘 안다. 그는 기억을 저 멀리로 치우고 침묵시키기 위해 술을 퍼마신다. 사실은 전에 하지 않던 일들을 하면서 새로운 추억을 만드는 것이 답인데 말이다. 하지만 앞에서 말했다시피, 코르사코프 증후군 환자는 뇌 손상으로 인한 '선행성' 기억 상실을 앓기 때문에 그러기 어렵다. 새로운 추억은 만들어지는가 싶으면 그 즉시 소실된다. 오래된 기억만 남아서 자리를 다 차지하니 술꾼은 과거에서 살 수밖에 없다.

호르헤 셈프룬은 부헨발트 수용소에서 나온 지 얼마 안 됐을 때의 관능적 경험들이 죽음의 기억을 가지고 살아가는 데 적잖이 도움이 되었다고 말한다. 그의 증언은, 수용소 이야기를 쓰고 싶은 마음은 굴뚝같았지만 죽음이 자신을 집어삼킬 듯 가깝게 느껴져 글쓰기를 포기해야 했던 그 시기의 성관계 장면을 묘사한다는 점에서 더욱 흥미롭다.

요컨대 그 시기는 셈프룬이 그의 책에서 말하고 있듯이 어쨌든 살고 보자는 심정으로 지옥 같은 수용소의 일들을 멀리하던 때, 곧 "자발적 망각"의 시간이었다. 부헨발트에서 보낸 시간은 전적으로 몰두할 수 없을 만큼 고통스러웠으나, 셈프룬은 여자들의 품에서 새로운 추억을 만들면서 모종의 평화를 찾았다. 새로운 사람들을 만나고 사랑을 나누면서 삶과 다시 연결되고 전에 없던 경험을 하자, 가장 끔찍한 기억을 견뎌낼 새로운 힘과 용기가 생겼다.

"나는 나의 시선까지 침묵시킬 수는 없었다." 그는 여자들이 자신에게 묘한 분위기를 느끼고 매혹되었던 이유를 이렇게 설명한다. 여자들은 그의 눈을 보고 그가 맞닥뜨렸던 죽음을 감지했다. 수용소에서 풀려나던 날, 어느 젊은 미군은 그의 눈빛이 약간 미친 사람 같다고, 공포와 냉소가 섞여 있다고 말했다. 역설적이게도 그는 바로 그 눈빛으로 호감을 얻었다. "대중교통 수단에서, 파티에서, 술집에서, 여자들은 내 눈빛에 민감했다. 언뜻 본 얼굴, 어깨나 허리의 곡선, 재기 넘치는 웃음소리가 궁금해 고개를 돌리면 […] 내 눈 덕분에 아름다운 여성들의 애정, 열정, 관능에 다가갈 수 있었고 내 영혼은 다시 머물러 살 만한 것이 되었다. 적어도 한동안은, 간헐적으로 말이다."

셈프룬은 여자들이 자신의 눈에서 무엇을 보는지 알았고, 자기 과거를 생각하지 않을 수 없었다. 하지만 적어도 잠시 동안은 그 기억도 참을 만했다.

과거와 함께 산다는 것은 경험을 '되살아내고', 수용하고, 나중에 써먹을 수 있도록 간직하는 것이다. 셈프룬이 희망과 관능이 어우러지는 경이로운 글을 써냈던 것처럼. "미미하고 애절한 행복 몇몇으로 추억을 쌓는다."

용서, 생과 미래에 줄 수 있는 선물

미래의 문을 열기 위해 과거를 돌아보고, 자신에게 오는 가능성들을 막지 않기. 여기에 용서의 본질이 있다.

우리에게 잘못한 이를 용서하지 못하면 과거의 함정에 갇히고 만다. 과거의 사건으로 응어리진 마음 탓에 현재가 온통 씁쓸해진다. 발목에 과거라는 쇠사슬이 묶여 있는데 어딜 가겠는가. 원한만큼 삶을 갉아먹고 현재의 기쁨을 망치는 마음도 없다. 사람을 속에서부터 곪게 하는 복수심이나 상대가 될까.

신시아 플뢰리가 《회한의 치유*Ci-git l'amer : Guérir du ressentiment*》[1]에서 분석한 메커니즘에 따르면, 화가 오래가면 한이 되어 삶 전체에 들러붙는다. 플뢰리는 분노, 슬픔, 원망 그 자체는 아무 문제가 없다고 말한다. 기실 그러한 감정이 때로는 필요하고 납득할 만하다. 하지만 다른 일로 넘어가지 못할 정도로 너무 오래 그 감정을 속에 담고 있으면 결국 우리가 잡아먹힌다. 용서를 거부하거나 용서하고 싶어도 할 수가 없다면, 우리 안의 상처를 싸매지 않고 삶의 기쁨이나 미래로 나아가는 능력을 차단하는 셈이다. 그러다 보면 그 지긋지긋한 원한에 기력을 다 빼앗기고 이도 저도 할 수 없을 만큼 우울해질 것이다.

내게 잘못한 상대가 일말의 미안한 기색조차 드러내지 않았거나 아무리 생각해도 용서받을 자격이 없을 수도 있다. 하지만 우리가 마음 편히 사는 게 중요하다면 그런 건 상관없다. 우리는 기꺼이 용서할 수 있는 힘을 내야 한다. 용서는 상대보다 나를 먼저 자유롭게 하는 행위다. 그러니 타자에게로 돌아서서 용서를 할 수 있는 힘을 찾아야 한다. 용서는 과거를 망각하거나 삭제하지 않는다. 단지 우리가 좀 더 홀가분한 발걸음으로 나아가기 위해 무거운 원한을 내려놓는 것일 뿐이다. 용서는 자기와 상대방에게, 생과 미래에 줄 수 있는 커다란 선물이다.

바르바라는 사후 출판된 회고록[8]에서 근친상간의 가해자였던 아버지를 결국 용서했노라 말한다. 나치의 눈을 피해 숨어 살던 제2차 세계대전 시기에 아버지는 딸을 유린했다. 처음 성폭행을 당했을 때 바르바라는 열 살이었다. 전쟁이 끝나자마자 아버지는 집을 나가 방랑자가 되었다. 바르바라는 아버지가 죄책감 때문에 도저히 같이 살 수 없었을 거라 생각했다. 그 후 바르바라는 두 번 다시 아버지를 보지 못했다. "나에게 가장 절망스러운 일은, 그토록 미워했던 아버지에게 이렇게 말하지 못한 것이다. 나는 용서했어요, 두 발 뻗고 잘 수 있을 만큼요. 나는 그 일에서 벗어났어요. 노래를 부를 수 있으니까요." 그렇다, 자비를 베풀고 자유로워진 바르바라는 노래한다. 〈낭트^{Nantes}〉는 죽어가는 아버지의 침상에서, 그래도 아버지일 수밖에 없는 그 사람에게, 자기가 하고 싶었던 용서의 말을 전한다는 내용을 담고 있다.

〈낭트〉는 1964년, 즉 그 일이 있고서 20년 후에 발표한 곡이다. "나는 그가 편안히 쉬기를 바라." 바르바라는 노래한다. '쉬다'라는 동사에 과거에서 평화로워지고 싶은 그녀의 소망이 담겨 있다. 하지만 그 평화는 너무 늦게 "라 그랑주 오 루 거리 25번지"에 도착했다. "그는 간밤에, 작별인사도 없이, 사랑한다는 말도 없이 죽었다네." 바르바르가 얼마나 실망했을지 상상도 하기 어렵다.

그녀가 노랫말과 음악으로 전한 메시지는 보편적 차원의 치료 행위에 해당한다. 그 비통한 노래 뒤에 바르바라가 용서에 이르기까지 걸어왔을 삶의 궤적이 보이는 것 같다. 정열적인 연애, (자크 브렐을 비롯한) 영원한 우정으로 맺어진 친구, 멋진 만남, 무대와 성공에 대한 야망, 관객을 위한 사랑이 풍부하게 넘쳐흘렀던 삶. 그렇게 살지 않았다면 그녀가 아버지를 용서할 힘을 낼 수 있었을까?

용서가 결국 나의 '결단'이라면 일단은 삶에서 만족과 위안을 웬만큼 얻어야 할 것이다. 그러니까, 과거와 함께 살고 용서할 수 있게 되었기 때문에 미래로 다시 나아가는 게 아니다. 오히려 다시 살아가기 시작했기 때문에 과거를 받아들이고 예전에는 불가능했던 용서가 가능해진다.

용서에는 해방감과 일종의 자부심이 따라온다. 해냈구나, 용서할 수 있게 됐구나. 용서에는 시간이 걸린다. 하루아침에 되지 않거니와 복잡한 과정을 밟을 때도 많다. 상대가 그렇게까지 실수할 수도 있다고, 이제는 상황이 달라졌다고 받아들여야 하고 세월이 약이 되게끔 기다리기도 해야 한다.

용서할 수 있는 사람은 과거를 돌아보고 자신이 입었던 해악을 올곧이 보고 화해할 수 있는 사람이다. 그는 이 회귀에 힘입어 더욱 성장한 모습으로 미래로 나아간다.

미래를 개진하기 위해서 과거를 돌아보아야 한다는 이 책 전체의 주제를 가장 순수한 상태의 용서에서 발견할 수 있다. 용서는 이렇게 근본적이고 원초적이기 때문에 생의 움직임 자체에 의해, 기쁨과 만족이 있었던 시간에 의해, 과거의 불꽃이 사그라들고 슬픔이 가라앉거나 그냥 '다른 일로 넘어가는' 경우도 적지 않다.

한나 아렌트는 《인간의 조건》에서 용서는 종교, 특히 그리스도교에서 기원했지만 보편적 인간다움에 해당하고 단지 가능할 뿐 아니라 반드시 필요하다고 말한다.[9] 용서가 없으면 인간은 과거의 수인에 지나지 않는다. 행동의 결과가 감당하기 어려운 만큼 무겁기에 우리는 결국 어떤 행동도 하지 않게 될지도 모른다. 시간의 비가 역성, 행동의 철회 불가능성 앞에서 용서는 과오에 갇히지 않을 유일한 방법이다. "우리가 용서받지 못한다면, 우리가 한 일의 결과에서 자유로울 수 없다면 우리의 행동력은 우리가 결코 할 수 없을 행동에 갇혀버릴 것이다. 마치 마법을 멈추는 주문을 몰라서 사고를 친 마법사의 제자처럼, 우리는 영원히 우리 행동의 피해자로 남을 것이다."

우리는 모두 언젠가는 실수를 저지르고 본의 아니게 누군가에게 피해를 준다. 그로 인해 죄책감에 짓눌리기도 하고 지워지지 않은 모멸감이나 오명이 남기도 한다. 하지만 아무것도 잊히지 않고 지워지지 않는다면 어떻게 해야 하나? 내가 앞으로 할 선택과 행동이 인간적으로 완전히 약해진 그 순간으로 결정된다면 어떻게 해야 하나? 모든 행동의 결과가 대리석에 새겨진 것처럼 고스란히 남는다면 어떻게 다시 행동할 수 있을까?

아렌트는 헤아릴 수 없는 이 용서의 힘을 감지했다. 그 힘이 우리의 죄를 사하고 앞으로 나아가도록 독려한다. 우리는 그로써 과거를 돌아보고 바로잡을 수 있다. 일어난 일은 일어난 것이지만 가해자의 죄책감이나 피해자의 괴로움은 용서를 통해 속박에서 벗어난다. 가해자 혹은 피해자로 사는 것은 숙명이 아니다. 용서는 우리가 페이지를 넘기고 새로운 장을 열게 해준다. 용서는 자유로운 행동의 조건이다.

망각이 있어
앞으로 나아갈 수 있다

　니체 역시 철회할 수 없는 과거에 저항하고 과오를 지우는 이 생의 필연을 감지했다. 하지만 용서는 지나치게 그리스도교적인 개념이었으므로 그의 취향에 도무지 맞지 않았다. 니체는 용서에서 과거의 잘못에서 완전히 해방되지 못하는 불능을, '망각하지 못하는' 무력감을 보았다.

　　그는 《차라투스트라는 이렇게 말했다》를 통해 삶이 우리에게 허락한 즐거움 가운데에는 망각의 즐거움도 있다고 말한다. 니체의 펜 끝에서 망각은 결코 억압이 아니요, 앞에서 우리가 위험하다고 보았던 부인이나 회피도 아니다. 망각은 오히려 적극적 긍정, 상처의 '저편'에서 펼치는 힘, 되찾은 기쁨을 통한 수용이다.

　　살아나가기 위해서는 어느 정도의 망각이 필요하다. 인간은 망각하는 존재이기에 과거의 행복을 기준으로 삼지 않고 현재를 오롯이 즐기고, 동일한 것의 회귀에 새삼 놀라워하며, 감히 새로운 관념을 만들어내고, 자유로울 수 있다. 연애에 여러 번 환멸을 맛보고도 다시 사랑을 믿을 수 있는 이유, 호되게 난관을 겪고도 다시 도전할 수 있는 이유, 과거의 실패에 연연하지 않고 앞으로 나아갈 수 있는 이유는 망각이다. 적정치의 망각은 거추장스러운 것을 걸어내고 어린아이의 순수와 경쾌함을 되찾기 위해 반드시 필요하다.

망각은 행동 자체의 원천이기도 한데, 이것은 베르그송도 인정한 사실이다. 니체 사상의 힘은 시간과의 관계, 그 철회 불가능성을 온전히 포용한다는 데 있다. 용서는 우리가 초래한 잘못이나 타인으로부터 입은 피해를 참작하게 하는 훌륭한 무기가 맞지만, 여기에서 더 나아가 망각은 모든 경험을 언제나 새롭게 맞이하게 해준다. 게다가 망각에 대한 니체의 사유는 용서에 대한 그리스도교의 접근과는 정반대되는 접근으로 발전했다.

〈주기도문〉에는 이런 구절이 있다. "저희에게 잘못한 이를 저희가 용서하오니 저희 죄를 용서하시고". 그리스도인들이 용서를 할 수 있다면 그 이유는 신이 그들을 용서했기 때문이다. 용서는 신의 피조물로서 신의 권능에 참여하는 행위다. 우리는 신의 사랑하는 자녀들이기 때문에 그 비범한 사랑, 초인적인 사랑을 할 수 있다. 그래서 우리를 들이받고 상처주고 파괴하려 했던 사람에게 용서라는 선물을 줄 수 있는 것이다. 용서는 선의 얼굴로 악을 도발하는 행위다. 그로써 우리 모두는 죄인이지만 구원받을 수 있다는 사실을 일깨운다. 실제로 그리스도교인들은 "잊지 않았지만 용서합니다"라고 말한다.

하지만 니체는 용서하는 게 아니라 그냥 잊는 것이라고, 그래서 좋은 거라고 반박한다. 우리의 잘못된 믿음을 타파하고 이른바 미덕의 애매한 이면을 들추었던 의심의 철학자 니체, 스스로 "심층 심리학자"라고 일컫기 좋아했던 니체는 용서하지만 잊지는 않는다고 말하는 사람들의 민낯을 폭로했다. 그들은 사실 과거에서 자유롭지 못하다는 것을 그런 식으로 드러낸다. 니체는 그보다는 망각의 능력과 위력을 믿고 싶었다. 우리가 원한을 내려놓을 수 있는 이유는 용서가 아니라 망각 덕분이다.

　니체는 《반시대적 고찰》에서 어떤 기억, 그의 표현을 빌리자면 "골동품 같은" 기억의 과잉을 경계하라고 말한다.

　과거의 유물을 보존하는 데 힘쓰는 골동품상 주인은 진열장에 꽉 들어찬 물건들의 먼지를 떨어내느라 기침을 해대고 점점 폐가 상해간다. 마찬가지로 잠을 못 이룰 정도로 과거를 곱씹다 보면 개인이든, 국민이든, 문명이든 살아 있는 존재는 해를 입고 파멸에 이르기 마련이다. 골동품상은 너무 많이 기억할 뿐 아니라 잘못된 방식으로 기억한다. 그의 기억은 행동, 현재, 생을 향해 있지 않다. 그러나 망각은 생의 움직임 자체의 중심에 있다. 우리는 스스로 망각을 허용함으로써 먼지떨이를 들고 과거의 유물만 바라보는 골동품상이 아니라, 과거의 신비로운 현존에서 힘을 얻어 창작에 몰두하고 미래를 바라보는 예술가를 닮아간다.

　니체는 여기서 본질적인 것을 깨달았다. 망각의 능력은 생충동과 밀접하게 이어져 있다. 실제로 망각은 의식적 결정이 아니다. 생 그 자체가 하는 일이다. 이미 보았듯이 기억은 자기보존에 필요하거나 미래에 도움이 되는 강렬한 감정과 연결되어 있을수록 생생하다. 현재에 주의를 기울이고 미래를 향해 나아가기 위해서는 때로는 기억을 내려놓기도 하고 잊어버리기도 해야 한다. 베르그송도 우리는 아무것도 잊지 않는다고 주장하면서도 어떤 일화, 어떤 세부사항, 어떤 정보는 의식의 주변으로 밀려나야만 더 유용한 기억이 자리를 차지할 수 있다고 부연한다. 행동은 그러한 조건에서만 가능하다. 하지만 우리가 완전히 '잊는' 건 아니다. 추억은 사라지지 않고 언제든지 생이 마련한 '점화'의 기회에 힘입어 의식으로 부상할 수 있다. 지엽적인 일화는 현재의 인상들이 원활하게 흘러가도록 단지 무대의 전면에서 물러날 뿐이다. 그래야 과거 속에서 살지 않고 과거와 함께 살 수 있다.

여성은 아기를 낳고 나면 주변의 축하 인사, 행복감과 그 밖의 오만가지 강렬한 감정, 주의력을 집중해야 하는 육아에 정신이 없어 출산의 고통을 잊는다. 아이가 무럭무럭 자라면서 그날그날의 의문, 불안, 기쁨들도 생겨난다. 대체 그보다 더 중요한 기억이 어디 있으랴. 우리 역사의 어떤 순간들을 잊는다면 그건 역사를 쓰고 있는 중이라서 그렇다. 우리의 역사를 쓰기 위해 모든 순간을 기억할 필요는 없다.

아르헨티나의 소설가 호르헤 루이스 보르헤스는 〈푸네스 혹은 기억Funes el Memorioso〉[10]이라는 눈부신 단편소설에서 열일곱 살 말에서 떨어진 후 희한한 장애를 안고 살게 된 청년 푸네스를 등장시킨다(국내에는 〈기억의 천재 푸네스〉(《픽션들》, 민음사, 2011)로 소개되어 있지만, 저자가 본문에서 이 제목에 부여하는 의미가 있기 때문에 원제에 가까운 제목으로 옮겼음을 알려둔다.─옮긴이).

푸네스는 아무것도 잊지 못한다. 사고로 기억을 잃는 경우는 더러 있지만 망각을 잃다니 특이한 경우다. 푸네스는 모든 것을, 세세한 부분까지, 매일매일의 아주 사소한 일화까지, 얼핏 들은 외국어 단어까지, 스치듯 지나간 사람들의 표정 하나하나까지 기억한다. 그의 기억력은 모든 것을 정확하고 상세하게 저장하기 때문에 무한히 밀려드는 기억 정보를 분류하고 정리하고 해석할 짬이 없다. 사실, 이해라는 것은 필요한 요소들을 추상적으로 파악하고 종합하며 본질로 환원하는─요컨대, 거추장스러운 건 잊는─작업이다. 행동하지 않고 어두컴컴한 방에 처박혀 무한한 기억만을 친구로 삼는 것은 이해가 아니다.

그래서 이 단편소설 제목은 시사하는 바가 있다. 푸네스는 기억이다. 그는 단지 기억일 뿐이고, 기억은 불길한^{funeste} 것이 되어 푸네스를 숨도 못 쉬게 짓누른다. 푸네스는 열아홉 살에 과도한 기억에 질식해서 폐색전증으로 죽는다. 보르헤스는 예술의 경지에서 일깨워준다. 살려면 잊어야 한다고.

애도의 아픔을
안고 산다는 것

흐르는 세월은 힘들었던 시간을 잊게 해주기도 하지만, 결코 잊고 싶지 않은 소중한 사람들을 저세상으로 떠나보내는 경험은 피할 수 없다.

고인들을 떠올리면서 과거를 비통하게 곱씹지 않는 법, 고통이나 슬픔에 매몰되지 않는 법이 있을까? **어떻게 죽은 자들과 더불어 살 것인가?** 유대교 여성 랍비이자 에세이스트 델핀 오르빌뢰르는 이 주제로 매우 아름다운 책을 썼다.[11]

오르빌뢰르는 "히브리어로 묘지는 일견 터무니없고 역설적인 명칭으로 불린다"고 말한다.

"히브리어에서 묘지는 베트 아하임$^{Beit\ haH'ayim}$ 즉 '생명의 집' 혹은 '산자들의 집'이라는 뜻이다. 여기에 죽음을 부정하거나 푸닥거리하듯 몰아내려는 의도는 전혀 없다. 오히려 그 메시지는 뚜렷하다. [⋯] 이 장소에 명백하게 죽음이 있음을 알리는 것이 죽음의 승리를 뜻하진 않는다. 아니, 이곳에서조차 죽음은 결정권을 쥐고 있지 않다. 유대인들은 토라의 《신명기》에 나오는 구절을 매우 진지하게 받아들인다. '내가 네 앞에 생명과 사망을 놓아두었나니 너는 생명을 택할지어다!' 영원자는 그렇게 명하셨다. 그러니 유대인들은 율법을 문자 그대

로 따른다는 것을 증명하기 위해 어떤 상황에서든 생명을 소환해야
한다."

가령, 장례는 어떻게 치러지는가. 랍비의 역할은 고인에 대
한 추억을 불러내고 그의 이야기를 기억에 되살리는 것이다. 때로
는 아직도 충격에 빠져 있는 유족들 앞에서 농담도 서슴지 않는다.
"골백번은 들었을 이야기를 하면서도 처음으로 그 이야기를 이해할
수 있는 열쇠와 함께 제시할 줄 알아야 한다. 그게 내 소임이다. 나
는 인생의 전환점에서 이야기를 필요로 하는 사람들의 곁을 지킨
다." 오르빌뢰르는 말한다.

랍비, 사제, 이맘, 목사는 장례식에서 남아 있는 자들이 고인
을 생생하게 기억하고 고인과의 대화를 이어나가게 하며 고인의 죽
음을 삶의 교훈으로 바꾸도록 돕는다. 남아 있는 사람들이 죽은 자
와 더불어 살아가는 방식의 얼개를 그려 보인다고나 할까.

성직에 종사하는 이들에게는 산 자와 죽은 자 사이를 이어
주는 의식을 주재하는 의례와 경전이 있다. 오르빌뢰르는 "이야기
꾼의 역할은 문이 열려 있도록 계속 지키고 있는 것"이라고 설명한
다. 우리에겐 그러한 교류를 유지하게 해주는 우리 나름의 추억이
있고 기억이 있다. 우리는 과거를 되살리고, 고인과의 아름다웠던
순간을 '추억 명상' 속의 현재로 삼을 수 있는 놀라운 능력을 가지
고 있다. 이와 함께 다양한 감정과 얽혀 있는 복잡하고 애매한 과거

의 현실도 기억할 수 있다.

　　지금은 저세상 사람이 된 가족과의 힘들었던 관계를 예로 들어보자. 타자와의 내밀한 관계를 섬세하게 포용할 때 그 관계에서 얼마나 내가 성장했는지, 그 관계의 가장 혹독한 부분들마저 얼마나 내게 피가 되고 살이 되었는지 비로소 깨닫는다. 그 성장의 길을, 이제는 죽은 자와 더불어 사는 온전한 방식으로써 계속 걸어갈 수 있다. 그들은 사라졌지만 그들과 더불어 지금의 우리가 된 부분, 그들과 긴밀히 이어진 우리의 부분으로써 고인들과의 관계를 연장하고 대화를 이어나갈 수 있다는 이야기다. 죽은 자들은 우리 안에, 우리 존재의 핵심에 있다.

　　이걸 가늠하려면 시간이 필요하다. 애도는 죽음 너머에서 영속하는 생을 우리 안에서 발견하는 기나긴 과정이다. 때로는 애도의 슬픔과 고통 속에서 새 힘을 길어내어 앞으로 나아가기도 한다. 물론, 처음에는 난폭하고 급작스러운 현실에 경악하고 생각도 못 했던 충격을 받는다. 상실감이 너무 압도적이라 고인에 대한 추억이고 뭐고 떠오르지 않고, 그 아픔에서 영영 헤어나지 못할 것만 같다.

　　이 책을 쓰기 얼마 전, 나 역시 가까운 친구를 저세상으로 보냈다. 처음에는 어떻게 이런 일이 있을 수 있나 기가 막혔다. 충격이 너무 커서 도저히 받아들여지지 않았다. 내 친구 필리프[12]의 자살, 그 죽음의 상세한 정황을 생각하고 또 생각했다. 그의 마지막 순간을 영화처럼 계속 돌려보지 않으면 견딜 수 없는 욕구를 느꼈다. 아마도 내가 뭔가 할 수 있었을 거라는 환상을 붙잡고 싶었던 것 같다. 정확히 몇 시에 그 일이 일어났을까? 구급대원들이 도착하는 데 얼마나 걸렸을까? 마지막으로 필리프하고 이야기 나눈 게 언제더라? 죽음은 영문도 모르게 우리 삶에 불쑥 들어온다. 처음에는 생각조차 할 수 없는 일 같다. '받아들일 수 없다'는 말로도 부족하다.

미국의 정신과 의사 엘리자베스 퀴블러로스는 애도의 다섯 단계를 부인, 분노, 타협, 우울, 수용으로 정리했다. 여기에서 말하는 애도는 가까운 이의 죽음뿐만 아니라 어떤 이상의 상실, 직장에서의 해고 등에도 적용될 수 있다.

그의 이론은 지나치게 체계적이고 각자의 유일무이한 개인사를 별로 고려하지 않는다는 비판을 받았다. 또한 애도의 각 단계에서 얼마나 다채로운 감정이 동시에 복합적으로 일어날 수 있는지 고려하지 않는다는 지적도 있다. 하지만 그렇더라도 퀴블러로스의 애도의 다섯 단계는 크나큰 상실을 받아들이려면 긴 과정을 거쳐야 한다는 것을, 그리고 그 과정은 수용과 완전히 대척점에 있는 부인에서부터 시작한다는 것을 보여주었다는 데 의의가 있다.

나는 월요일 저녁마다 극장에서 하는 강연 일정이 있었다.

거기 가는 길에 필리프에게 전화를 거는 게 습관이었다. 우리는 이 의례를 웬만해선 거르지 않고 늘 즐겁게 대화를 나누었다. 나는 오늘 강연에서 무슨 주제를 다룰 예정인지 알려주고 필리프의 감상과 견해를 새겨들었다. 나와는 사뭇 다른 그의 발상과 시선이 늘 놀라웠다. 나는 그가 내 주제를 듣고 생각에 잠길 때의 침묵에, 담배를 길게 빠는 듯한 소리에, 갑자기 탁 풀어지는 듯 불안한 웃음에도 황홀하게 심취했다. 극장에 강연을 하러 들어가는 순간까지도 조금 전 필리프가 했던 말에 골몰해 있을 때가 많았다.

필리프를 떠나보내고 그다음 월요일 강연을 하러 가면서 몇 번이나 스마트폰을 꺼냈다가 이제 내 전화를 받아줄 친구가 없음을 아프게 깨달았다. 소중한 사람을 상실한 사람들은 한 번쯤 이런 경험을 겪는다. 이런 유의 착란은 죽음에 대한 부인이 취하는 가장 자연스럽고 단순한 형태다. 습관처럼 퇴근길에 전화를 건다든가, 당연히 만날 수 있는 듯 생각한다든가, 그 사람 몫의 아침 식사를 준비한다든가, 그 사람 방에 들어가면서 자기도 모르게 이름을 부른다든가. 그러고는 다음 순간, 현실로 돌아온다. 하지만 완전히 돌아오는 것은 아니다. 우리의 일부는 여전히 그 착각에 매달리고 우리가 틀리지 않았다고, 그 사람은 돌아올 거라고 믿는다.

조앤 디디온은 《상실》[13]에서 심장마비로 갑작스럽게 운명을 달리한 남편 존에 대한 애도를 이야기한다. "생은 갑자기 변한다. 한순간에 달라진다. 저녁을 먹으려고 하는 순간, 우리가 아는 삶이 돌연 멈추었다." 남편이 죽고 몇 주가 지난 후 디디온은 그의 옷, 그리고 신발들을 치우기로 작정한다. "그 방 문간에서 꼼짝할 수 없었다. 그 신발들을 치울 수 없었다. 나는 잠시 그러고 있다가 이유를 깨달았다. 존이 돌아오면 저 신발들이 필요할 거라고 생각했던 것이다."

프로이트는 《애도와 멜랑콜리*Trauer und Melancholie*》[14]에서 애도는 "삶에 대한 정상적 태도와의 심각한 괴리들"을 포함한다고 지적했다. 이 괴리들, 그 사람이 잠깐 빵을 사러 나간 것 같고 당장이라도 돌아올 것처럼 생각되는 이 "마법적 사고"의 순간들을 디디온은 매우 담담하게, 거의 임상 기록처럼 써 내려간다. "마법적 사고"와 극명하게 대비되는 이 담담함이야말로 이 책의 힘이다.

디디온은 꼬박 1년을, 그렇게 "마법적 사고의 한 해"를 보냈다(《상실》의 원제가 "The Year of Magical Thinking"이다.―옮긴이). 알랭 소테로 같은 정신과 전문의들은 이 기간이 1년을 넘어가면 연장된 애도, 병적 애도로 본다.[15]

사별을 하고 보내는 첫해는 모든 일을 그 사람 없이 해보는 첫해이기도 하다. 그이 없이 보내는 첫 번째 크리스마스, 그이 없이 보내는 첫 번째 생일, 그이 없이 보내는 첫 여름휴가… 이 기간이 막바지에 다다르면 생의 주기가 돌아오기 시작한다. 앞으로 일어날 일들의 본질은 이미 겪어봤고 애도의 아픔은 서서히 가라앉으면서 흐릿해진다. 이 "마법적 사고의 한 해"를 우리는 머릿속에 여전히 살아 있는 "죽은 자와 함께", 부인과 분노 혹은 우울 사이를 왔다 갔다 하면서 보낸다.

우리를 소중한 이와 이어주는 끈은 생생한 추모, 공통의 추억으로 부양되는 내밀한 관계밖에 없다. 우리는 우리를 미치게 하는 그 부재, 그 상실, 우리의 정신을 온통 점령한 그 생각조차 할 수 없는 일과 사는 것이다. 우리가 부인하고 경악했지만 결국 타협하게 될 죽음과 함께 사는 시기인지도 모른다. 죽은 자들과 진정으로 함께 살아가려면 아직 먼 길을 더 가야 한다.

진정한 애도의 시간이란

애도 과정의 주요한 목표 중 하나는 고인과의 추억을 상실의 압도적 슬픔에서 풀어내고 죽음의 정황과 분리하는 것이다. 그 사람과 함께했던 순간들, 그 사람의 옛 모습, 우리가 맺었던 관계를 온전히 떠올리려면 그래야 한다.

애도가 잘 이루어지면 그제야 우리는 현실을 받아들이고 죽은 자와 다른 종류의 대화를 나누기 시작한다. 마법적 사고에서 벗어나, 그가 다시 돌아올 수 없고 함께 밥을 먹거나 술잔을 기울일 수 없으며 그의 신발이 필요할 일은 없다는 사실을 인정하고 나면, 비로소 그가 남긴 것, 고인에 대한 기억이 우리 삶 속에 남는 방식, 죽음 이후에도 관계가 지속되는 방식을 제대로 가늠하게 된다.

애도는 충분한 시간이 필요한데, 여기에는 잊어버리는 과정도 수반된다. 우리는 다행히 모든 것을 기억하지 못한다. 세상을 떠난 이들을 매 순간 생각하며 살지도 못한다. 그들과 더불어 살려면 조금은 잊을 줄 알아야 한다. 가장 중요한 것을 기억하고 그것이 우리의 행동과 가치관 속에 살아 숨 쉬게 하자. 과거의 장면들을 불러내어 그 안에 충만하게 빠져들고 여전히 특별한 그 순간들을 음미하자. 그리하여 어쨌든 삶은 흘러가고, 중요한 세부사항들은 다양하게 기억에 남는다.

망각은 자연스러운 과정이지만 우리가 그 과정을 촉진할 수도 있다. 우리에게 손쓸 여지가 있다는 이야기다.

사랑하는 이의 신발을 처분하거나 이사를 가서 새 삶의 터전을 마련한다든가 하는 행동도 어떤 기억을 주변부로 밀어내는 데 도움이 된다. 그로써 점화의 기회가 줄어들기 때문이다. 둘이서 자주 가던 식당에 발길을 끊으면, 연애의 추억이 담긴 여행지에 가지 않으면, 그 사람을 떠오르게 하는 지인들을 적어도 한동안 만나지 않는다면 망각은 좀 더 수월하게 이루어질 것이다. 스마트폰에 저장된 사진과 동영상 중에서 '이것만은…' 싶은 것만 남기고 나머지는 다 외장 하드로 옮겨둘 수도 있다. 나중에 찾아보면 행복하겠지만 일단은 옆으로 치워둔다.

니체의 말마따나 망각의 적정치를 찾는 것이 중요하다. 더 잘 기억하고 과거의 부담 없이 생을 맞아들이기에 딱 좋은 적정치를. 그러면 부재는 우리와 함께 있되 우리를 침범하지는 않는, 자연스러운 존재가 된다. 그러면 우리의 속도에 맞춰 고인을 상기시키는 물건들과 차츰 수월하게 헤어질 수 있다.

살기 위해서는, 아니 죽은 자들과 살기 위해서라도, 잊어야 한다. 고인을 우리의 삶, 정복, 투쟁, 기쁨, 고통의 중심으로 데려가기 위해서는 오히려 시도 때도 없이 '그 사람이라면 이 상황에서 무슨 말을 할까? 무슨 생각을 할까?' 하고 생각하지 말아야 한다. 더 이상은 눈만 돌리면 그 사람이 떠오를 만큼 고인의 물건들로 꽉 찬 집에서 살지 않아야 한다. 죽은 자와 더불어 산다는 것은 우리가 부장품과 함께 영묘 속에 들어앉는다는 뜻이 아니다. 변해가는 세상 속에, 박동하는 우리의 심장 속에 그 사람을 계속 살게 한다는 뜻이다. 때로는 영혼이라도 우리를 찾아와 주기를 바라겠지만 죽은 자에게도 숨을 쉴 수 있는 자유를 줘야 한다.

몇 달 지나자, 나는 필리프에게 전화를 거는 대신 '그 친구가 이 강연 주제를 들으면 내게 무슨 이야기를 해줄까?' 이따금 상상하면서 그의 독특한 시각이나 내가 제기하는 문제를 진지하게 받아들이던 자세를 어느 정도 되살려냈다. 그렇게 새로운 습관이 옛 습관을 대체했다.

이제 나는 월요일마다 생제르맹 대로의 늘 똑같은 벤치에 앉아 그날의 주제에 대해서 필리프와 마음속으로 대화를 나누곤 한다. 우리의 의례, 우리의 약속을 그렇게 되찾았다. 내가 애도의 충격에서 벗어난 후에야 비로소 우리의 대화는 재개될 수 있다.

고인과 좋은 관계를 유지해왔다면 애도는 훨씬 수월하다. 하지만 정반대의 경우라도 그 죽음에서 삶의 교훈, 지혜, 겸손을 끌어낼 수 있다. 예를 들어 아직 내 곁에 살아 있는 사람들에게 아쉬움이 남지 않도록 더 신경을 쓴다든가, 자신의 불완전함과 한계를 깨닫는 기점으로 삼을 수도 있겠다.

"당신과 내가 나누었던 정신 대 정신의 대화는 언젠가 내가 세상에서 사라지고 당신이 우리의 만남을 회상한다면 영혼 대 영혼의 대화로 변할 수 있습니다. 우리가 했던 말과는 다른 그 무엇이 남게 될 테니까요."[16] 소설가 프랑수아 쳉은 이렇게 말한다. 실제로 내가 월요일마다 벤치에서 필리프와 나눈 대화에는 우리가 예전에 나눈 대화와는 다른 그 무엇이 있다. 그러자 델핀 오르빌뢰르의 책 제목이 내게 온전히 의미 있게 다가왔다. "죽은 자와 더불어 살기(국내에는《당신이 살았던 날들》(북하우스, 2022)로 번역 출간되었다.─옮긴이)."

유령이 꼭 악몽 속에 등장하는 악의적 존재라는 법은 없다. 이를테면 생제르맹 대로의 벤치에 찾아와 내가 놓칠 뻔했던 관념을 넌지시 속삭여주는 우아하고 다정한 유령도 있는 것이다. 그런 유령들은 우리 곁에서 우리가 어디에서 왔는지, 우리의 꿈과 희망이 무엇인지 일깨워준다. 우리 삶의 결정적 순간에 어깨 너머에 서서 애정 어린 존재감으로 보살펴준다. 그들이 함께하고 떠받쳐줄 때, 우리는 생을 마주할 새로운 힘이 솟아나는 것을 느낀다.

프랑수아 쳉은 《영원은 지나치지 않아 *L'éternité n'est pas de trop*》[17]에서 이렇게 썼다.

"죽은 자들은 산 자들에게 분명히 위로할 수 없는 슬픔을 남기지만, 그보다는 살아야 한다는 의무를 조금 더 남긴다. 그들은 떠나야 했지만 고스란히 남아 있는 생의 몫을 산 자들이 살아내야 한다는 의무 말이다. 산 자들은 그런 식으로 죽은 자들을 생의 길에 다시 올려놓는다. 그들이 죽음에 굴복하지 않는 방식인 것이다."

산 자들은 죽은 자들에게 진 빚으로 더 성장하여, 슬픔을 끌어안고 앞으로 나아가야 한다. 과거를 안고 가도 우리 자신일 수 있듯이 죽은 자들을 안고 가더라도 우리의 체험과 그들에게 받은 것으로써 우리는 우리 자신일 수 있다.

필리프가 죽기 전까지는 우리의 30년 우정과 지적인 대화가 내 안에 낳은 것의 진가를 알지 못했다. 내가 그에게 얼마나 큰 빚을 졌는지 몰랐다. 하지만 우리 사이는 끝이 아니다. 필리프의 죽음은 우리의 우정을 해하진 못했다. 단지 우정의 형태가 바뀌었을 뿐이다. 전에는 함께 카페에 가고, 술 마시고, 글을 다듬고, 여행을 가는 등 외적인 부분이 컸지만 이제 우리의 우정은 내적인 것이 되었다.

◇

과거를 안고 가도 우리 자신일 수 있듯이
죽은 자들을 안고 가더라도
우리의 체험과 그들에게 받은 것으로써
우리는 우리 자신일 수 있다.

신을 믿지 않아도 필리프가 아직 내 곁에 있다고 느낄 수 있다. 누군가는 너무 영적이거나 형이상학적인 이야기라고 할 수도 있다. 그러나 내게는 상처가 아물면서 흉터가 지는 것처럼 자연스러운 일로 느껴진다.

죽음은 생의 일부다. 우리 생에서 어떻게 죽음에게 자리를 내어줄지는 우리 하기에 달렸다. 경악, 부인, 분노가 가라앉기 시작한 후 어떻게 우리의 이야기를 계속 써나가느냐도 우리 하기에 달렸다. 친구나 부모의 죽음은 그 이야기의 한 장에 불과하다. 결코 이야기의 마지막 장은 아니다. 긴밀했던 누군가의 죽음 이후에도 우리의 관계는 여전히 공명한다. 그 어느 때보다 애도의 시간에 우리는 하르트무트 로자의 '공명' 개념으로 세계의 가속에 맞서야 한다. 죽음조차도 빠르게 넘어가기를 촉구하는 이 시대의 압력에 저항해야 한다. 다른 의식들도 마찬가지지만 장례식 역시 다른 일로 더 빨리 넘어가기 위해 시간이 계속 단축되고 있다.

정신과 의사 크리스토프 포레가 《그날그날의 애도 *Vivre le deuil au jour le jour*》[18]에서 보여주었듯이 죽은 자와의 내적 관계를 외부 세계에서 이어나가는 것도 가능하다. 볼테르는 17년간 연인으로 지냈던 에밀리 뒤 샤틀레가 죽은 후 그녀의 논문이 학계에서 인정받도록 하려고 분투했다. 그로써 두 사람의 지적 교류의 일부가 세상에 현존하게 되었다. 몽테뉴도 절친한 친구인 라 보에티가 죽은 후 《에세》에서 그들의 대화를 이어나갔다.

우리가 어릴 적 할머니가 즐겨 해주시던 음식을 배워서 손님들에게 대접할 때, 직업적으로 성공을 거두어 지금은 돌아가신 부모님의 한을 풀어드릴 때, 너무 일찍 세상을 떠난 어머니를 본받아 어떤 상황에서든 사랑을 믿는 태도를 보일 때, 우리도 죽은 자와의 관계를 이어나가는 것이다. 그러한 내적 관계를 외부 세계와 공명하게 한다는 것은 애도 과정이 진행 중이라는 표시라고 포레는 말한다.

"죽은 자들을 다시 살리는 이에게 복이 있도다." 유대교 기도문에는 이러한 문장이 있다. 유대인들은 장차 메시아가 돌아와 죽은 자들을 부활시키리라는 언약을 믿었다. 가톨릭교도들에게 이 기도는 그리스도의 부활이 만인의 부활을 예고한다는 복음서의 복된 소식이다. 죽은 자들을 살리는 영원하신 이는 복되다. 하지만 이 기도를 다른 의미로 들을 수도 있다. 죽은 자들을 다시 살리는 이는 복이 있도다. 우리가 죽은 자들의 기억에 신의를 지킬 때, 저마다 음식을 만들고 일을 하고 사랑을 하는 방식으로 그들을 기릴 때, 우리도 그들을 다시 살리는 게 아닌가? 영원하신 이가 우리에게도 당신의 권능을 조금은 나눠주지 않았을까?

죽음을 이렇게 생각하면 본질적인 것을 좀 더 잘 구분하고 삶의 순간순간을 음미할 수 있다. 트라피스트 수도승들의 저 유명한 '메멘토 모리^{Memento mori}'와도 조금은 비슷하다. 그들은 매일 아침 서로 "네가 죽는다는 것을 기억하라"라고 인사를 나눈다.

메멘토 모리. 그리고 그날이 올 때까지 더 나은 인간이 되고 자 힘쓰라.

매일 애도하는 삶

흐르는 시간 속에서 우리는 소중한 이들과의 사별을 안고 살 수밖에 없다. 하지만 또 다른 종류의 애도도 끊이지 않는다. 청춘에 대하여, 이상에 대하여, 어린 시절의 자기 자신에 대하여, 살면서 수정해야만 했던 생각이나 견해에 대하여…. 좀 더 구체적으로는, 은퇴를 하면서 경제활동을 마감한다든가, 병이 생기면 건강을 아쉬워한다든가, 어릴 적 살던 집을 팔아야 한다든가….

우리가 늙고 변해서 설령 예전 같지 않더라도 과거의 우리 자신과의 대화가 끊어지란 법은 없고 과거와 함께 살지 못하란 법도 없다.

그리하여 이미 끝난 연애도 현재의 역사 속에, 새로운 상대와 나누는 행복 속에, 혹은 혼자여도 충분한 행복 속에 남아 있다. 그 연애가 없었다면 지금의 우리도 없다는 아주 단순한 이유로 그렇다. 그 관계가 우리에게 피와 살이 되었고 이제 타인에게 더 많은 것을 내어줄 수 있도록 성장시켰다. 아니면 후회 없이 사랑했기 때문에 지금은 고독이 주는 기쁨을 만끽할 수 있는지도 모른다. 어쨌든 과거에 대한 애도를 통해 현재에 자기를 실현한다. 끝난 건 끝났다고 받아들이되, 우리가 써나가는 역사 속에서 그것을 어떻게 연장할 수 있는지 찾아야 한다. 이때에 '애도하다'라는 표현은 더 이상 존재하지 않는 것을 가지고 뭔가를 '한다'는 의미다.

청춘의 뻗치는 기운은 과거의 것이요, 뭐든지 할 수 있을 것처럼 팔팔하던 건강도 떠났다. 우리는 늙어간다. 하지만 생이 안겨준 비루함이나 환멸이나 질병 속에서도 지혜를 끌어낼 수 있다. 불의를 거부할 때, 더 나은 세상을 갈구할 때, 투쟁 혹은 쾌락을 추구하는 동안에 우리는 다시금 청춘의 갈증과 원기를 되찾는다. 그렇게 열정을 되찾는 것이 가버린 청춘에 대한 애도다. 청춘을 되찾으려고 아등바등하는 게 아니라 예전의 그 무엇이 현재에 공명하게 하고, 과거와의 관계를 우리 삶의 방식, 혹은 그저 추억으로 연장하는 것이기 때문이다. 우리가 죽은 자들을 애도할 때와 마찬가지로.

"우리가 시간 속에서 걷는 길에는 우리로서 존재하기 시작한 모든 것, 우리가 될 수 있었던 모든 것의 파편들이 널려 있다." 베르그송이 《창조적 진화》에서 한 말이다.

우리의 모든 결정, 모든 경로는 현실이 될 수도 있었을 수많은 가능성을 물리친다. 무엇이 됐을지 결코 알 수 없을 잠재력들을 뒤로하고 지금의 우리가 되었다. 그렇지만 그 약속들을 그냥 내팽개친 게 아니다. 그것들은 섬세하게 세공된 무늬처럼 지금의 우리 안에 새겨져 살아 있다. 모험으로 가득 찬 삶을 꿈꾸던 소년, 전공을 바꾸기 전에 했던 공부, 지금의 직업으로 오기 위해 접었던 첫 직업, 잘될 수도 있었을 연애, 지킬 수 없었던 약속, 계속 밀고 나가지 못한 계획… 그것들이 이루어지지 않았기 때문에 다른 것이 이루어질 여지가 생겼다. 지금의 우리가 되기까지 그것들도 음(陰)으로 이바지했다. 얼굴 없는 유령들과 함께 살면서 우리는 어느 정도 그들을 살게 한다. 우리의 모든 성취는 그들의 성취이기도 하다.

생을 충만하게 살려면 더 이상 존재하지 않거나 과거에도 없었던 것도 안고 가야 한다. 호기심과 인내심을 갖춘 창작자가 그러듯이 형식, 방법, 계기를 추구해야 한다. 그러한 창작자는 경험상 조만간 뭔가가 만들어진다는 것을, 지나간 모든 것을 곱씹고 변화시킬 수 있다는 것을 안다. 그는 자신이 있고, 시간도 있다. 무엇보다 그에게는 기억이 있다.

나오며

그렇게 우리는 앞으로 나아간다

미셀 세르가 타계하기 몇 달 전(철학자 미셸 세르는 2019년 6월에 타계했
다.-옮긴이), 그와 대화를 나누면서 나도 이렇게 늙을 수 있으면 좋
겠다고 생각했다. 여든여덟의 나이에도 어린아이처럼 경이로움을
느낄 수 있고, 자기가 살아가는 시대와 세상에 호기심을 잃지 않
고, 신념에 매몰되기보다는 여전히 의심을 제기하는 노년이라니,
놀랍지 않은가. 그의 목소리에서 여전히 열정이 느껴졌고 웃음기
어린 눈매와 유머 감각도 건재했다.

　　그는 "옛날이 좋았지!"라고 말하는 사람들을 비꼬고 조롱했
다. 이 명랑한 노인네에게서 이미 지나버린 과거에 대한 향수나 미
련은 물론, 일부러 '젊은 척하는' 기색도 찾아볼 수 없었다. 평생 고
정관념을 비판하며 살아온 그가 '청춘에 머무르기를' 바랐다면 인
간이 결코 동일한 상태로 남지 않고 끝없는 '되기devenir'의 과정에 있
음을 어떻게 보여줄 수 있었겠는가?

《엄지 동자*Petite Poucette*》와 《자연 계약*Le Contrat naturel*》의 저자이기도 한 미셸 세르처럼 유쾌한 회의주의와 왕성한 호기심을 간직한 채 늙어가는 사람이 있는가 하면, 언제나 옛날의 실패, 옛날의 성공에 사로잡혀 원통함이나 자기만족에 빠져 사는 사람도 있다. 왜 이런 차이가 생기는가?

"노화는 얼굴보다 영혼에 더 많은 주름을 새긴다. 늙어가면서 쉰내와 곰팡내를 풍기지 않는 영혼은 없거니와, 있더라도 지극히 드물다." 몽테뉴는 《에세》에서 이렇게 말한다.

참으로 많은 이가 아름답게 늙어가지 못하는 이유, 그건 바로 그들이 과거와 '함께' 살지 못하고 과거 '속에서' 살기 때문이다. 생명력의 쇠퇴를 받아들이기 힘든 만큼, 창창했던 과거 '속에서' 살고 싶은 유혹은 너무도 크다. 퇴행성 질환이 언제 닥칠지 모르고, 결국은 맞이하게 될 죽음과 고립은 불안하기 그지없다. 잘 늙는 건 쉬운 일이 아니다! 그러나 '쉰내와 곰팡내를 풍기는' 노년이 빼도 박도 못할 숙명인 것도 아니다. 우리는 얼마든지 잘 늙을 수 있다. 심지어 노년이 인생의 가장 아름다운 모험 중 하나가 될 수도 있다. 나는 그렇게 나이를 먹는 길을 이 책에 담아낸 성찰 속에 그려 보이려 했다. 적당한 거리에서 과거와의 대화를 열어놓고 잘 지낼수록 더 아름답게 늙어갈 수 있다는 점을 말이다.

사르트르가 조롱했던 "존재의 부종"[1] 상태로 옛날의 자신에게 취해 있던 이들은 꽃다운 시절 운운하며 과거를 곱씹거나 인생에서 경험한 실패의 부당함을 소화하지 못하고 회한에 빠져 있었으므로 과거와 건강한 관계를 맺을 수 없었다. 오만에 찌든 '꼰대'와 피해의식에 사로잡힌 사람은 생각보다 비슷하다. 둘 다 과거가 너무 큰 자리를 차지하고 있다. 한 사람은 과거를 떠벌리고, 다른 사람은 과거를 슬퍼한다. 하지만 현재를 사랑하지 못하기는 둘 다 마찬가지다. 그들은 환경 운동의 선구자였고 생애 말년의 글에서도 미래를 생각했던 세르처럼 자기와 자기 사람들, 나아가 미래를 위한 계획에 마음을 둘 수가 없었다. 그렇지만 자기는 뒤돌아보지 않고 전진만 한다고 하는 사람들 역시 충실하게 살아가지 못할 위험이 있다. 이런 사람들은 불확실한 헛발질을 하다가 넘어지거나 자기들이 길들이지 못한 유령에게 시달리곤 한다.

과거와의 다른 관계, 여태껏과 다른 훨씬 더 창의적이고 평화롭고 정다운 관계는 가능하다. 잘 늙어가기는 일종의 기술, 그것도 젊어서부터 훈련해야 하는 기술이다. 이 책은 과거와의 관계가 얼마나 유연할 수 있는지 보여주었다. 과거는 우리를 어떤 본질이나 정체성에 가두지 않을 뿐 아니라 어떤 정서에 고착시키지도 않는다. 우리는 과거를 재해석하고 재방문하면서 변화시킬 수 있다. 나쁜 추억을 다른 방식으로 되살리고, 어제의 기쁨을 다시 음미하며, 지각의 장을 레미니상스의 은총으로 채울 수 있다. 매 순간 회피와 부인을 거부하고 과거를 창조적으로 재연할 수 있다. 우리가 선택하지 않은 유산도 자유의 토대로 변화시킬 수 있다. 과거가 지금의 우리를 만들었음을 이해하고, 과거를 기반으로 새로운 것을 만들기로 결심할 수 있다. 그러자면 자기밖에 모르는 태도에서 벗어나 세계와 타자들에게 열린 자세를 취해야 한다. 과거를 100퍼센트 취하지 않아도 지렛대로 삼을 수 있다. 때로는 내려놓고 잊기도 하면서 우리는 부단히 앞으로 나아간다.

과거와 함께 사는 묘를 터득한 사람은 어제의 세계로 여행을 떠났다가 그 세계에서 얻은 것, 그 세계에 두고 온 것으로 인해 자못 달라진 모습으로 돌아온다. 그러한 경지에 이른 사람은 그날그날 취할 수 있는 기쁨을 취하는 에피쿠로스주의자인 동시에, 어찌할 수 없는 것은 받아들이고 최악의 사태를 직시하고 견뎌내는 힘을 기르는 스토아주의자로서 현재를 살아갈 수 있다.

과거를 돌아보고 과거가 하는 말에 귀 기울여보라. 그 안에 삶의 단서들이 숨겨져 있을 것이다. 상황에 제약받던 때, 매사가 술술 풀리고 마침내 생과 조화를 이룬 듯이 느껴지던 순간을 기억하면서 우리는 우리 자신을 알아가고 본질에 가까워진다. 우리에게 중요한 것, 정말로 기쁨을 주고 세상과도 조화롭게 어우러지는 것이 무엇인지 알게 된다. 이런 행복을 우리는 사회인으로서 일하는 방식이나 타인들을 대하는 방식, 혹은 아름다움, 너그러움, 영성, 사랑, 우정에 바친 삶에서 발견한다. 이 본질을 파악하지 못하고 최소한 부분적으로라도 그것과 조화를 이루려고 노력하지 않는다면 어떻게 행복해질 수 있단 말인가?

과거와의 끈기 있는 창조적 대화는 아흔 살, 일흔 살, 아니 서른 살에도 잘 늙어가는 방법이다. 일생을 사는 동안, 더 나은 미래를 꿈꾸며 앞으로 한 발 한 발 나아갈 때마다 과거는 부풀어 오른다. 과거는 늘어나면 늘어났지 줄어들지 않는다.

　　과거는 매 순간 여기에 있다. 무엇에 대해서든, 흥미를 부여하는 것은 과거다. 강력하고 복합적인 현재의 순간에 대해서든, 야심만만하고 일관된 미래의 계획에 대해서든. 과거는 점점 더 높아지는 파도 같다. 처음에는 가만히 지켜보면서 알아가야만 저 파도에서 서핑을 하고야 말겠다는 야심도 생긴다. 과거가 매 순간 여기에 있다고 해서 과거가 자리를 전부 차지하도록 곁을 내어줄 이유는 없다. 우리는 과거를 돌아보면서 미래, 타자, 세계도 함께 바라보아야 한다. 과거와 잘 살기 위해서는 세 개의 톱니바퀴가 맞물려 돌아가게 하는 법을 익혀야 한다.
　　첫 번째 톱니바퀴는 과거를 향해 돌아간다. 이는 '수용', '다시 쓰기'의 다른 말이다. 과거는 여행으로의 초대인 동시에 우리가 무엇을 물려받았고 어떻게 그것을 진짜 우리 것으로 삼을 수 있는지 이해하기 위해 끊임없이 재가공해야 하는 재료다.
　　두 번째 톱니바퀴는 미래를 향해 돌아간다. 앞에서 나온 말을 빌리자면, 이는 '행동의 시간'인데, 과거를 창조적으로 재연하고 새로운 경험을 하고 새로운 추억을 쌓는 것보다 더 좋은 방법은 없다.

물론 새로운 경험이 퇴적되려면 시간이 좀 필요하다. 또한 과거를 새로운 것으로 변화시킬 시점, 물려받은 것을 바탕으로 창립자가 될 시점을 늘 우리 뜻대로 선택할 수는 없다.

세 번째 톱니바퀴는 세상과 타자들을 향해 돈다. '개방'의 태도라는 말로 표현될 이러한 움직임은 나머지 톱니바퀴가 맞물려 순조로이 돌아가게끔 도와준다. 수용을 행동으로 변화시키려면 과거를 그에 걸맞은 위치에 놓고 자꾸 옛날 생각만 하고 싶은 유혹에서 벗어나야 한다. 내 생각에만 빠져 있기보다 세상과 타자들에게 눈을 돌려야 한다.

과거를 돌아보고, 미래를 내다보고, 타자들과 세상을 바라보는 세 개의 톱니바퀴. 하지만 이렇게만 이야기하면 지나치게 기계적인 접근이다. 사유 차원으로만 보자면 과거와 함께 살아가기 위한 방식이 낱낱이 분석되나, 우리의 생은 이 모든 걸 종합^{synthèse}을 하기 때문이다. 차례차례 일어나는 듯 보이는 것들이 실은 동시적이다. 세 가지 톱니바퀴로 구분했지만, 이 모든 것은 궁극적으로 우리가 전진하기 위해 같이 맞물려 돈다. 그렇게 우리는 앞으로 나아간다.

◇

과거를 100퍼센트 취하지 않아도
지렛대로 삼을 수 있다.
때로는 내려놓고 잊기도 하면서
우리는 부단히 앞으로 나아간다.

1. 모든 기억은 재구성이다

1 Serge Gainsbourg, "La Chanson de Prévert" in *L'Étonnant Serge Gainsbourg*, 1962.

2 Elliot Perlman, *La mémoire est une chienne indocile*, Robert Laffont, coll. "Pavillons", 2013.

2. 과거의 현존들

1 Nicola S. Clayton, Joanna M. Dally et Nathan J. Emery, "Social Cognition by Food-Caching Corvids. The Western Scrub-Jay as a Natural Psychologist", *The Royal Society Publishing*, Philosophical transactions of the Royal Society B, 19 février 2007 (accessible à l'adresse : https://doi.org/10.1098/rstb.2006.1992).

2 다음을 참조하라. 에릭 캔델, 래리 스콰이어, 《기억의 비밀》, 전대호 옮김, 해나무, 2016.

3 앞의 책.

4 현재의 체험을 기억하지 못하는 이 장애를 선행성 기억상실이라고 한다. 흔히 말하는 기억상실, 즉 과거의 경험을 기억하지 못하는 장애는 '후행성' 기억상실이다.

5 스콰이어와 캔델의 책에는 '정신부터 분자까지'라는 부제가 붙어 있기 때문에 유물론적 입장을 견지할 거라 생각하기 쉽지만 이 책의 1부를 마무리하는 장 제목은… '분자부터 정신까지'이다! 베르그송은 그의 걸작 《물질과 기억》에서 우리의 추억은 뇌를 구성하는 물질에 뿌리를 내리지만 다른 곳에도 존재할 것이라는 직관을 드러

낸 바 있다.

6   1970년대에 엘리자베스 로프터스의 실험 중 하나가 커다란 화제가 되었다. 로프터스는 피험자들에게 그들이 어린 시절에 슈퍼마켓에서 길을 잃은 적이 있다는 이야기를 들려줌으로써 그들에게 오기억을 심는 데 성공했다. 로프터스의 연구들이 발표된 후로 피해자나 목격자가 법정에서 하는 증언을 완전히 신용할 수 없으므로 최소한 다른 증언과 대조 확인하여 취하든가 단순한 실마리로만 삼아야 한다는 생각이 일반화되었다. 로프터스는 법정 증언 전문가가 되어 100건 이상의 재판에 참여했고 목격자 증언에만 입각한 판결을 오기억 조작 가능성을 입증하여 무효화하곤 했다. 2002년에 《일반심리학 리뷰》는 로프터스를 20세기의 가장 중요한 심리학자 100중 중 50위로 꼽았다. D. Bernstein et E. Loftus, "How to tell if a particular memory is true or false", *Perspect.Psychol.Sci*, vol. 4, p. 370-374, 2009.

7   Didier Eribon, *Retour à Reims*, Fayard, 2009.

8   그래서 해마 손상으로 인한 일반적 기억상실에도 절차기억은 영향을 받지 않는다.

9   헌팅턴병이나 파킨슨병 같은 신경퇴행성 질환을 앓는 경우, 소뇌와 기저핵의 손상으로 인해 절차기억도 영향을 받는다.

10   아리스토텔레스는 이미 《니코마코스 윤리학》에서 습관을 제2의 천성이라고 말한 바 있다. 장 가스파르 펠릭스 라셰르 라베송몰리앵은 《습관에 대하여》에서 아리스토텔레스의 이러한 생각을 해설하고 자세하게 발전시켰다.

11   7개에서 플러스마이너스 2개가 한계다. 가령 10개의 숫자로 이루어진 전화번호는 '열 뺨'으로 구성된 것이다. 하지만 일반적으로 우리는 6개 정도를 한 번에 기억하는 습관이 들어 있기 때문에 6개까지 외우고 그다음은 따로 외운다.

12   Fernand Braudel, *La Méditerranée et le monde méditerranéen à l'époque de Philippe II*, Armand Colin, 1949.

3. 과거는 현재로 통하는 문이다

1   "La déicatesse du goût et la vivacité des passions" in David Hume, *Essais moraux, politiques et littéraires*, Puf, 2001.

2   Oscar Wilde, *Intentions*, 1891.

3   신경생물학자 롤랑 살레스의 저작에는 이러한 연구가 다수 인용되어 있다. Roland

Salesse, *Le Cerveau cuisinier*, Quae, 2022 ; *Faut-il sentir bon pour séduire?*, Quae, 2019.

4. 과거는 정체성의 기반이다

1   Francis Eustache, "Le paradoxe de l'identité singulière et plurielle, un paradigme inédit et un défi nouveau pour la neuropsychologie", *Revue de neuropsychologie*, vol. 4, 2012, p. 9-23.

2   Lionel Naccache, *Apologie de la discrétion—Comment faire partie du monde?*, Odile Jacob, 2022.

3   Lionel Naccache, *Le Cinéma intérieur—Projection privée au coeur de la conscience*, Odile Jacob, 2020.

5. 과거를 외면할 때 벌어지는 일들

1   Jacques Brel, "Ne me quitte pas" in *La Valse à mille temps*, 1959.

2   입양아 및 군경 유자녀의 출생 정보 확인에 대한 2002년 1월 22일 법에 따라 개인 출생정보확인국가위원회[Conseil national pour l'accès aux origines personnelles, CNAOP]가 설립되었다. 이 공공기관은 비밀리에 출생하거나 유기된 사람이 자신의 출생에 대해서 알아보고자 하는 경우를 지원한다. 또한 아동에 대한 정보나 입양 절차에 관한 서류가 파기되지 않고 보존되도록 보장한다. 또한 요청이 있을 경우, 생물학적 부모를 찾아서 재회에 응하도록 설득하는 작업도 한다.

3   Dylan Jones, *David Bowie—A Life*, Ring, 2019 ; Michka Assayas, "Very Good Trip", GM Éditions, 2023.

4   형 테리에 대한 오마주 〈점프 데이 세이[Jump They Say]〉(《블랙 타이 화이트 노이즈[Black Tie White Noise]》, 1993)는 예외다. 이 곡에서 보위는 그의 목소리가 자신을 괴롭히고 창에서 뛰어내리라고 종용한다고 말한다.

5   Jorge Semprún, *L'Écriture ou la Vie*, Gallimard, 1994.

6   Gaël Faye, *Petit Pays*, Grasset, 2016. 2022년 7월 12일에 이 책의 저자 가엘 파예와 내가 함께 진행한 팟캐스트 〈플라톤의 태양 아래서〉도 참조하기 바란다.

7   Jean Hatzfeld, *Une saison de machettes*, Seuil, 2003. 르완다 대학살에 참여했고 현

재 릴리마 형무소에서 복역 중인 살인범들의 이야기를 모은 이 책은 페미나상을 수
상했다.

8   Jean-Louis Monestès, *Faire la paix avec son passé*, Odile Jacob, 2009. 장루이 모네스
    테스는 프랑스에 수용전념치료^{Acceptation Commitment Therapy, ACT}를 널리 알리고 있는 심
    리치료사다.

9   앞의 책.

10 앞의 책.

11 A. J. Scheen, "WORKAHOLISM : la dépendance au travail, une autre forme
    d'addiction", *Revue médicale de Liège*, 2013 ; 68 : 5-6 : p. 371-376.

12 Hervé Le Tellier, "Willibald Walter ou la mémoire en place", dans *Encyclopædia
    Inutilis*, Le Castor astral, 2001.

13 앞의 책.

14 앞의 책.

15 Jean-Louis Monestès, *Faire la paix avec son passé*, op. cit.

6. 과거를 버팀목 삼다

1   베르그송 작품의 독창성은 그가 했던 수많은 강연에 나타나는 사유의 주요 개념
    들이 저서에 반드시 나타나란 법은 없다는 점에도 있다. 신시아 플뢰리는 프레데
    릭 보름과 함께 했던 다음 강연에서 베르그송의 이 강연을 언급한다. "Bergson et le
    problème de la personnalité" (Chaire de philosophie à l'Hôpital) (https://www.
    youtube. com/watch?v=YARvIHYmTMc).

2   Simone Veil, *Une vie*, Stock, 2007 ; réed. Le Livre de Poche, coll. "Documents",
    2009.

3   Charlotte Delbo, *Auschwitz et après*, trois tomes : *Aucun de nous ne reviendra* (1965),
    Éditions de Minuit, 1970 ; *Une connaissance inutile*, Éditions de Minuit, 1970 ;
    Mesure de nos jours, Éditions de Minuit, 1971.

4   Nancy Huston, *Professeurs de désespoir*, Actes Sud, 2004.

5   "Le problème de la personnalité", conféence prononcé au Gifford Lectures d'Édim-
    burg en 1914.

6 나는 이 장에서 인간다운 너그러움을 베르그송이 말하는 생의 약동의 표현으로 제
시했는데 모든 베르그송 연구자가 이러한 입장은 아니라는 점을 밝혀둔다. 생의 약
동은 형이상학적 힘, 다시 말해 인간을 초월하는 힘이기 때문에 형이상학적인 면과
인간적·인류학적 면의 구분을 강조하는 연구자들도 있다. 따라서 이들은 인간다운
너그러움을 전혀 다른 차원에 속하는 것으로 본다. 이들이 볼 때 너그러움은 인간
적 수준에서만 의미가 있고 생의 약동을 '표현'한다고 보기 어렵다. 적어도 나에게
는 그러한 입장이 좀 놀랍다. 생의 약동이 식물을 비롯한 모든 생명체에 흐르는데,
어째서 인간적 너그러움이라는 이 생명체의 가장 아름다운 현시로 표현될 수 없단
말인가?

7. 과거에 개입하다

1 이것은 새로운 학파까지는 아니지만 일관성 치료, 안구운동 민감소실 및 재처리 요
법Eye Movement Desensitization and Reprocessing, EMDR, 심리도식치료, 정신분석 등의 다양한 제
안들을 통합할 수 있는 임상요법이다. 그래서 이 기억 재공고화 혁명은 특별한 관심
을 끈다.

2 Sophie Côté et Pierre Cousineau, *La Reconsolidation thérapeutique de la mémoire–
Transformer les schémas émotionnels avec la thérapie de la cohérence*, Dunod, coll. "Les
Ateliers du praticien", 2022.

3 Bruce Acker, Robin Ticic et Laurel Hulley, *Déverrouiller le cerveau émotionnel–
Éliminer les symptômes à leur source en utilisant la reconsolidation de la mémoire*, traduc-
tion en langue française de Sophie Côté, Christophe Buon et Pierre Cousineau,
CPI, 2019.

4 Sénèque, *Consolation à Polybe*, 41 apr. J.–C.

5 미국의 심리학자 제프리 영이 자신의 스승 애런 벡과 함께 인지행동치료를 연구하
면서 개발한 치료법으로, 특히 성격장애 치료에 효과를 보인다.

6 Jeffrey E. Young, Janet S. Klosko et Marjorie E. Weishaar, *La Thérapie des schémas–
Approche cognitive des troubles de la personnalité*, De Boeck Supérieur, coll. "Carrefour
des psychothérapies", traduction en langue française de Bernard Pascal, préface de
Jean Cottraux, 2de édition, 2017.

7   Kreiman, Koch et Fried, 2000. Bruce Ecker, Robin Ticic et Laurel Hulley, *Déverrouiller le cerveau émotionnel–Éliminer les symptômes à leur source en utilisant la reconsolidation de la mémoire*, op. cit.에서 재인용.

8   Giesen-Bloo, J. *et al.*, "Outpatient psychotherapy for borderline personality disorder : randomized trial of Schema-focused therapy vs transferencefocused psychotherapy", *Archives of General Psychiatry*, 2006 ; vol. 63, p. 649-658.

9   이 비유는 Anne-Hélène Clair et Vincent Trybou, *Devenez votre propre psy*, Allary Éditions, 2021에서 차용했다. 이 책은 심리도식치료의 재양육에 대해서도 자세히 다루고 있으니 더 알고 싶은 독자는 참조하기 바란다.

10   Paul Ricoeur, *La Mémoire, l'Histoire, l'Oubli*, Seuil, coll. "L'Ordre philosophique", 2000 ; réédition Points, "Essais", 2003.

11   Sigmund Freud, Métapsychologie [1915-1917], PUF, coll. "Quadrige", 2018.

12   Gilles Deleuze et Félix Guattari, *L'Anti-Œdipe–Capitalisme et schizophrénie*, Éditions de Minuit, coll. "Critique", 1972.

13   *Faire la paix avec son passé*, op. cit.

14   이 문제에 대해서 나는 동료 철학자이자 정신분석가인 신시아 플뢰리와 접근했음을 알려둔다. 플뢰리는 2021년 8월 5일 내가 진행하는 라디오 방송에 출연하여 '회한을 어떻게 치유할 것인가'라는 주제로 행동주의 요법을 포함하는 정신분석 임상에 대해서 설명한 바 있다. https://www.radiofrance.fr/franceinter/podcasts/sous-le-soleil-de-platon/comment-guerir-du-ressentiment-avec-la-philosophe-cynthia-fleury-5279401

15   라캉은 1971년 파리에서 열린 세미나에서 말실수를 하고서 이 신조어를 만들었다. '라랑그'는 충동의 문법, 특히 반복에 바탕을 두는 문법에서 나온다. 라랑그는 말[mot]로 나타나고 물질화[materialiser]되는 무의식이다.

8. 과거를 안고 나아가다

1   *Les Confessions*, X, 8, traduction Joseph Trabucco, GF-Flammarion, 1964, p. 209-212.

2   Vladimir Jankélévitch, *L'Irréversible et la nostalgie* [1974], Flammarion, coll.

"Champs essais", 2011.

3   Hartmut Rosa, *Accélération – Une critique sociale du temps*, traduit de l'allemand par Didier Renault, La Découverte, coll. "Théorie critique", 2010 ; réédition coll. "La Découverte Poche / Sciences humaines et sociales", 2013.

4   Hartmut Rosa, *Résonance – Une sociologie de la relation au monde*, traduit de l'allemand par Sacha Zilberfarb et Sarah Raquillet, La Découverte, coll. "SH / Théorie critique", 2018 ; réédition coll. "La Découverte Poche / Sciences humaines et sociales", 2021.

5   Lord Byron, *Marino Faliero*, doge de Venise [1821], acte II, scène 1.

6   Russ Harris, *Le Piège du bonheur – Créez la vie que vous voulez*, Éditions de l'Homme, 2010 ; réédition Pocket, 2017. 루스 해리스는 ACT 치료를 대표하는 인물 중 한 명으로 이 책은 완벽한 입문서로 추천할 만하며 앞에서 소개한 장루이 모네스테스의 책에도 언급된다. ACT 치료는 과학적으로 검증되었으며 수용의 논리와 행동의 논리, 좀 더 정확하게는 정말로 자기에게 중요한 것을 지향하는 행동을 결합하고 있다는 점에서 베르그송의 창조적 재연과도 맞닿아 있다. 회피하지 않는 것이 ACT 치료에서는 아주 중요하기 때문에 과거 전체를 받아들인다는 베르그송적 수용을 연상하지 않을 수 없다. 만약 베르그송이 심리치료사가 되었다면 틀림없이 ACT 치료를 선택했을 것이다!

7   Cynthia Fleury, *Ci-gît l'amer : Guérir du ressentiment*, Gallimard, 2020 ; réédition Folio, coll. "Essais", 2022.

8   Barbara, *Il était un piano noir… – Mémoires interrompus*, Fayard, 1998 ; réédition Livre de Poche, 1999.

9   Hannah Arendt, *Condition de l'homme moderne* [1958], Pocket, coll. "Agora", 2002.

10 Jorge Luis Borges, *Fictions* (1944 ; Gallimard – Folio, nouvelle édition 2018).

11 Delphine Horvilleur, *Vivre avec nos morts*, Grasset, 2021.

12 내 친구 필리프 나시프는 이 멋진 책들의 저자이기도 하다. Philippe Nassif, *La Lutte initiale – Quitter l'empire du nihilisme*, Denoël, 2011 ; *Ultimes*, Allary Éditions, 2015 ; *Changer le monde… En tout cas, un peu*, Allary Éditions, 2022.

13 Joan Didion, *L'Année de la pensée magique*, Grasset, 2007 ; réédition Le Livre de

Poche, 2009.

14 Sigmund Freud, *Deuil et mélancolie* (1917), Payot, coll. "Petite Bibliothèque Payot",
    2011.

15 Alain Sauteraud, *Vivre après ta mort−Psychologie du deuil* (Odile Jacob, 2012). 그렇
    지만 크리스토프 포레는 이 1년이라는 기간은 큰 의미가 없고 개인차가 크기 때문
    에 몇 년이나 지속되더라도 병적으로 볼 필요는 없다고 말한다(Christophe Fauré,
    Vivre le deuil au jour le jour, Albin Michel, 2012).

16 *Magazine littéraire*, n° 577, mars 2017, entretien avec Pierre Assouline.

17 François Cheng, *L'éternité n'est pas de trop*, Albin Michel, 2002 ; réédition Le Livre
    de Poche, 2003.

18 Christophe Fauré, *Vivre le deuil au jour le jour*, (2012), Albin Michel, nouvelle édi-
    tion 2018.

나오며 : 그렇게 우리는 앞으로 나아간다
1 《구토》에서 로제 의사에 대한 희화적 묘사에 등장한 표현.

옮긴이 이세진

서강 대학교 철학과를 졸업하고 동 대학원에서 프랑스 문학을 공부했다. 현재 전문 번역가로 활동하고 있다. 옮긴 책으로《인생 처음 철학 수업》,《사피엔스의 뇌》,《명상록 수업》,《우리 인생에 바람을 초대하려면》,《나는 생각이 너무 많아》등이 있다.

삶은 어제가 있어 빛난다

과거를 끌어안고 행복으로 나아가는 법

첫판 1쇄 펴낸날 2024년 10월 21일

지은이 샤를 페팽
옮긴이 이세진
발행인 조한나
책임편집 김유진
편집기획 김교석 유승연 문해림 곽세라 전하연 박혜인 조정현
디자인 한승연 성윤정
마케팅 문창운 백윤진 박희원
회계 양여진 김주연

펴낸곳 (주)도서출판 푸른숲
출판등록 2003년 12월 17일 제2003-000032호
주소 서울특별시 마포구 토정로 35-1 2층, 우편번호 04083
전화 02)6392-7871, 2(마케팅부), 02)6392-7873(편집부)
팩스 02)6392-7875
홈페이지 www.prunsoop.co.kr
페이스북 www.facebook.com/prunsoop   **인스타그램** @prunsoop

ⓒ푸른숲, 2024
ISBN 979-11-7254-033-3(03100)